청춘출가 2

청년 출가자 여덟 명의 그 아름다운 서원

글 · 김제원 교무 外

청춘출가2

저　　　자　김제원 교무 外

저 작 권 자　김제원 교무 外

1판 1쇄 발행　2020년 12월 09일

발 행 처　하움출판사
발 행 인　문현광
편　　집　유별리
주　　소　전라북도 군산시 축동안3길 20, 2층(수송동)
I S B N　979-11-6440-719-4

홈 페 이 지　http://haum.kr/
이 메 일　haum1000@naver.com

좋은 책을 만들겠습니다.
하움출판사는 독자 여러분의 의견에 항상 귀 기울이고 있습니다.

이 도서의 국립중앙도서관 출판예정도서목록(CIP)은 서지정보유통지원시스템 홈페이지(http://seoji.nl.go.kr)와
국가자료종합목록 구축시스템(http://kolis-net.nl.go.kr)에서 이용하실 수 있습니다.(CIP제어번호 : CIP2020050394)

- 차 례 -

약속

보산 김제원 교무

1994년 12월, 교무로서 교역에 첫발을 내딛는 탄백학년의 출가식. 96명의 출가를 천지도 축복해주는 듯, 그날의 태양은 유난히도 찬란했던 것으로 기억한다. 그 날이 그토록 찬란하게 기억되는 까닭은 지금도 내 가슴속에 그 태양이 빛나고 있기 때문일 것이다. "종법사님! 제가 이생에 최소 30명이상 전무출신 발굴하겠습니다." 종법사님께 『원불교전서』를 하사받던 출가식의 그 순간, 나는 종법사님과 진리 전에 마음속으로 혼자 약속했다. 나의 출가 교역생활은 그렇게 '약속'으로부터 시작되었다. 원남교당과 광주교당에서, 전농교당과 안암교당에서 그리고 교화훈련부에서....

그 약속의 시간들 속에, 기쁨의 순간들이 수없이 떠오른다. '7일간의 출가여행'을 함께한 후 조용히 내 방으로 찾아와 "교무님, 저 출가 하겠습니다"라는 말을 들었을 때. 교당 임원들과 함께 교화하면서 그들의 신심과 공심에 감동했던 수많은 일들. 파산으로 온 가족이 자살하려다 아들의 입교 후 가족 모두를 교화하여 삶의 희망과 웃음을 되찾은 일. 그중에서도 나를 가장 행복하게 했던 기쁨의 순간 중 하나는 몇 년 전, 익산 식당에서 나눈 예비교무인 제자들과의 대화였다 "나는 전무출신 발굴 30명을 이미 마쳐서 상향조정하려고 하는데, 여러분은 앞으로 몇 명씩 할 것인가?"라는 질문에 대여섯 명의 예비교무들이 저희들도 30명씩 하겠다고 약속을 했던 일. 그 약속을 지키듯, 『청춘출가』의 인물 중 하나인 이모 교무는 현재 중앙교구내 교당에서 청소년 교화하며 올해 3명의 제자가 출가 서원했고 내년에도 출가할 학생이 있다고 한다.

그 약속의 시간들 속에, 억울하고 답답했던 순간 역시 참 많았다. 안암교당에서 열심히 청소년 인재양성을 하며 교화하고 있을 때, 믿었던 교도의 변심에 잠 못 잤던 일. 인사 이동될 뻔 했던 일. 과로가 겹쳐 신장이 망가져 평생을 약을 먹어야 한다는 의사의 진단을 들었을 때. 그중에서 가장 절망적이었던 일은, 일정이 너무 무리된 나머지 후두에 낭종이 생겨서 말을 못 할 수도 있다는 의사의 진단이었다. "대종사님의 법을 말로 전해야 하는 내가 말을 할 수 없다니...". 나는 이제 더 이상 교화할 수 없는 것일까? 나는 앞으로 어떻게 해야 하나? 그 암담함에 밤새 아파했던 기억 속 그 날의 그 고통을 지금도 잊을 수가 없다. 그러나 그 고통의 시간 속에서도 향기로운 연꽃은 피었다. 고민 끝에 요양차 들어간 만덕산에서 또 출가의 인연을 만나게 된 것이다.

한 송이 국화꽃을 피우기 위해 봄부터 우는 소쩍새도, 천둥도, 무서리도 ... 수많은 인연들이 함께하듯 한 사람의 출가 인연의 꽃을 피우기 위해서는 기쁨 속에서 혹은 고통 속에서도 온다는 것을 깊이 느끼게 되었다. 그 긴 고통의 시간을 기쁨과 보람으로 바꿔주었던 사람들! 그 사람들의 생생한 출가 이야기가 이 한권의 책속에 담겨있다. "복중에 제일은 인연 복"이라 하셨는데, 그중에서 출가의 인연은 대종사님과의 숙세의 깊은 약속이리라.

2012년 9명 청춘들의 출가 이야기가 담긴 『청춘출가』를 출판한 지 8년이 지났다. 그때 9명의 청춘들은 이제 교무가 되어 현재 교당에서 혹은 원광대학에서 재직 중이다. 아직 출가식을 앞둔 대학원생 교무도 있다. 그 이후로 출가한 8명의 이야기를 더하여 『청춘출가 2』라는 이름으로 다시 출간하게 됨을 법신불 사은님께 감사드린다. 여덟 명의 출가자 한 사람 한 사람에게 기도하는 마음으로 나의 염원을 담았다.

"사람이 온다는 건 실은 어마어마한 일이다. 그는 그의 과거와 현재와 그리고 그의 미래와 함께 오기 때문이다"라고 한 정현종 시인의 노래처럼. 나는 교화현장에서 한 사람의 현재를 만나고, 과거를 만나고, 그리고 그의 미래를 만났다. 대종사님의 법안에서. 대종사님의 '성불제중 제생의세'라는 큰 서원 안에서. 출가식 때 올렸던 그 약속이 나의 사명이 되어 오늘까지도 나를 이끌어주고 있다. 지금은 안암교당 주임교무가 아닌 교정원 교화 부원장과 교화훈련부장이 되어 원불교 전체 현장교화를 지원하는 자리에서 다양한 청춘들을 만나고 있다.

밀타원 진문철 교무님의 은혜를 잊을 수가 없다. 밀타원님의 소리 없는 지원이 아니었다면 어쩌면 『청춘출가』는 세상의 빛을 보지 못했을지도 모른다. 오매불망 '교화'를 생각하며 국내에서 해외에서 가시는 곳마다 교화의 꽃을 피워주셨던 밀타원님께 마음 깊이 감사를 올린다. 그리고 안암교당 보좌교무로 함께 교화했던 박원진 교무, 전성욱 교무,

그리고 전적으로 합력해주신 안암교당 회장님이하 모든 교도님들께 감사의 마음을 전한다.

사람을 키우는 일은 마치 나무를 키우는 것과 같아서 오랜 시간이 걸린다. 정신 육신 물질로 재가·출가 교도들의 많은 에너지가 필요하다. 초기교단에서 주인 된 심경의 원불교인이라면, 청소년 교화를 아니할 수 없을 것이다. 그들은 바로 원불교의 미래이기 때문이다. 미래에 투자하는 일! 이제는 우리 모두가 나서야 할 때라 생각된다. 이 책을 읽는 모든 사람이 인과보응의 신앙문에 들어서면 좋겠고, 진공묘유의 수행문에서 대종사님의 일원대도를 함께 즐기기를 간절히 염원한다. 오늘도 나의 태양은 찬란히 빛나고 있다.

영생을 행복하게 살고 싶은 청년들

준산 강준일 (안암교당 교도회장)

원불교 안암교당은 서울시내 대학의 약 70%가 위치하는 서울의 동
북권에 자리 잡고 있다. 청년회도 없던 안암교당이 원기 90년(서기
2005년) 청소년정책교당으로 지정되면서, 보산 김제원 교무님이 전농
교당 청년들을 데리고 함께 부임하셨다. 그 이후 보산 김제원 교무님
이 14년 동안 청년회를 이끌었고, 교무님의 지도를 받고 출가한 청년
이 무려 21명이나 된다. 출가한 청년들 중 현재 교무로 발령받아 교단
요소요소에서 활발히 활동하고 있는 교무만 15명이고, 교무가 되기 위
해 수학 중이거나 간사근무 중인 청년이 6명이나 된다.

나는 김제원 교무님이 안암교당으로 부임하시는 당시에는 일반교도
부회장으로서, 원기 95년(서기 2010년)부터 현재까지는 교도회장으로
서, 안암교당이 청소년정책교당으로서 무엇을 해야 할지 고민하였다.
나는 그 해답을 김제원 교무님의 청년 지도방식에서 찾았다. 요즘 사

회에서는 재미있는 것들이 너무나 많다. 그 재미있는 것을 뒤로하고 찾아온 교당에서는 사회보다 더 재미있는 것을 제공해야 하는데 이는 참으로 어려운 일이다. 교당에 찾아온 청년들에게 사회가 할 수 없고 우리 교당만 가능한 장점으로 승부를 걸어야 한다. 해답은 원불교 교법이다. 원불교 교법을 가르치고 활용하는 것을 좀 더 재미있고 적극적으로 교화하신 것이 김제원 교무님의 방식이라 생각한다.

매주 수요일 오후 7시 45분, 퇴근 후 청년들이 안암교당 정전공부방을 찾는다. 정전공부방을 통해 우리 교법을 확실히 공부하는 자리를 만드셨다. 정전공부방은 단순히 김제원 교무님의 주입식 교육이 아니라 당일의 주제에 대하여 청년 스스로 먼저 공부하여 발표하게 한다. 부담은 되지만 확실히 정전의 내용을 예습하게 한 후 교무님의 주옥같은 경전 해석이 곁들여진다. 매주 토요일 오후 청년법회에서는 청년들의 즉문즉답을 통해 현실에서 일어나는 문제나 고민에 대하여 명쾌하게 답변을 하심으로써 청년들의 속마음을 후련하게 해주신다. 청년법회 이후에는 단활동으로 이어져 밤 10시 이후까지 집으로 갈 줄 모르고 서로의 고민과 일주일간 공부한 내용에 대하여 활발한 회화를 교환한다.

인터넷이나 영상 그리고 소셜미디어도 청년들이 좋아하는 요소이다. 안암 카페가 2005년 4월 개설하여 안암교당의 모든 활동과 교무님의 설교영상, 청년들의 강연 영상 등 안암교당과 관련된 모든 정보를 제공하고 있다. 현재 2290명의 회원이 활동하고 있다. 10여전 전 방송국 PD로 활동하는 청년이 안암 청년회에 합류한 이후 청년회에 영상미디어부가 생겼다. 당시 매달 한번 안암교당에서 일어난 여러 가지 활동들을 편집하여 안암 뉴스를 제작하였는데, 이 때 MC를 청년회원들 중에 캐스팅하여 돌아가면서 방송하였다. 지금도 영상미디어부에서는 안암교당의 모든 영상물을 찍고, 편집하고, 제작하고 카페나 유튜브 등 소셜미디어에 올리는 역할을 하고 있다. 청년들은 대종사님의 교법을 배우면서, 교당에서 주인역할을 하면서 재미를 붙인다. 우리 청년들은 세속에는 없는 재미를 느끼고 만끽한다.

또 하나 안암교당의 특징이 정기훈련이다. 여름 겨울 정기훈련이 2박3일 동안 자체프로그램을 개발하여 빡빡하게 이루어진다. 결제식을 하면서 본인이 훈련 마지막 날 강연할 주제를 추첨으로 뽑게 된다. 본인이 강연할 주제에 대하여 훈련기간 동안 틈나는 대로 연마하게 만든다. 훈련기간 동안 초청법사의 설법도 이어지고, 훈련주제에 대한 회화도 이어지지만 강연에 대한 큰 부담감을 안고 훈련을 나게 된다. 이뿐아니라 해제식에서는 단별 깔깔대소회가 열린다. 이를 준비하느라 단별로 아이디어를 내고 공연준비를 하면서 서로 간 친목을 도모하게 만든다. 청년들이 어느 정도 교리를 이해하고 예비특신급 정도가 되면 성리를 공부할 기회를 만들어 준다. 성리에 목마른 청년들, 수행의 맛을 보고자 하는 청년들은 매년 1월 둘째 주에 열리는 "7일간의 출가여행"을 간다. 대학생들은 방학 중이라 시간을 낼만한 여유가 있지만 직장 다니는 청년들은 본인의 1년 휴가기간을 사용하면서 참가한다. 7일 동안 휴대전화도 사용하지 못하고 세속과 격리되어 오롯이 자신을 찾아가는 수행정진 기간이다. 출가여행을 통해 청년들은 정기훈련 11과목을 체계적으로 훈련받게 되고 성리에도 조금씩 눈을 뜨게 된다. 이렇게 공부하고 훈련받은 청년들이 큰 뜻을 품고 제생의세의 큰 서원을 세운다. 이번 생 뿐 아니라 영생의 행복자가 되기 위하여 출가를 한다.

안암교당 9명 청년출가자의 이야기를 담은 "청춘출가"가 출간된 지 8년 만에 다시 안암교당 청년들의 출가스토리가 이어진다. "명문대학 졸업 후 ROTC로 군대 장교생활까지 마치고 치열한 인생의 고민과 고뇌 속에서 백척간두 절박한 심정으로 한발 더 내딛는 발걸음이 출가라고 믿는 청년" "공대 기계공학과를 졸업하고 대기업에서 직장생활을 잘하고 있다가 세상을 행복하게 만들어 보겠다는 더 큰 욕심으로 출가한 청년" "변호사로서 사회적 기반을 닦고, 남편으로서, 또 아빠로서 행복한 가정을 이루고 살다가 출가한 청년" "고등학교 졸업 후 출가의 길에서 간사생활 10개월 만에 속세로 나와 대학생활과 직장을 다니면서 사회생활을 하였지만 10년 만에 다시 출가한 청년" "몸과 마음이 망가진 채 만덕산으로 갔다가 김제원 교무님을 만나 함께 생활하고 대화하다가 출가를 꿈꾼 청년" "식품공학 박사학위까지 받고 공공기관에서 근무하다가 출가를 하게 된 청년" "대학 졸업을 앞두고 미래 인생을 고뇌하다가 출가의 이유를 11가지로 정리하면서 출가 서원을 세운 청년" "인생 후반전을 대종사님 법에 귀의하여 전무출신으로서 보은하겠다는 늦깎이 청년" 등 8명의 출가 이야기이다. 이번 생 뿐 아니라 영생을 행복하게 살고자 출가한 청년들의 출가 서원이 내 심금을 울린다.

안암 청년들의 출가서원을 보면서 나는 대학생 때, 청년일 때, 무슨 생각을 하며 살았는지 되돌아보았다. 나는 대구교당 학생회를 거쳐, 서원회(서울대 원불교 학생회)에서 대학생 교우회 활동을 하면서, 제기교당(현 안암교당) 청년회에 가끔 나가고 있었다. 당시 대구교당 학생회 선배와 후배가 출가를 하였고, 서원회 선배 중 한명이 졸업 후 출가를 하였다. 그런 출가자들을 보면서 특별한 서원을 가진 분들만 출가하는 것이라고 생각하고, 나는 출가를 할 생각은 꿈에도 하지 않았다. 아마 집안의 외동아들로서 집안의 대를 잇고 소위 말하는 사회적 성공을 이루고자 하는 욕심이 더 컸다고 생각한다.

대학교 1-3학년 때에는 유신정권의 말기였다. 유신헌법 철폐와 정권 퇴진을 요구하는 민주화운동이 거세게 일어나자 이를 탄압하기 위해 1975년 긴급조치9호가 발동되어 있었다. 수업·연구 또는 사전에 허가받은 것을 제외한 일체의 집회·시위·정치 관여행위가 금지되었다. 영장없이 체포되고, 인권탄압이 자행되었고, 사복 입은 경찰들이 학교 곳곳에 상주하였다. 그럼에도 학교 내에서는 반정부 학생운동이 성행하여 주위의 친구들이 구속되거나, 정학을 받고 바로 군대에 끌려가던 시절이었다. 그런데 우리에게 원불교는 인권문제, 통일문제 등에 아무 역할도 못하는 것처럼 보였다. 물론 원불교의 교세가 약하여 감히 원불교를 내놓고 반대하다가는 완전히 붕괴될 수 있는 상황일 수도 있겠지만, 그래도 학생들은 현실 문제를 외면하는 교단에 불만이 많았다. 이에 대하여 서원회 회원들 모두 많은 격론을 벌였으며, 일부는 지하 서클로 합류하여 학생운동을 하다가 구속된 서원회 교우도 있었다. 나와 함께 하숙을 하던 서원회 후배도 광화문에서 데모를 하다가 경찰에 체포되어 29일간 구류 처분과 무기정학 처분을 받아 바로 군대에 입대하여야만 했다. 따라서 그 시대에는 데모하다가 구속되거나 경찰에 잡혀가지 않으면 너무 비겁한 삶을 사는 것 아니냐 라고 할 정도였다.

당시 서울교구 사무국장이셨던 경산 상사님께서 서원회 지도교무로서 학교 내 법회에 자주 오셨다. 이때 경산 상사님께서 우리들에게 "대종사님께서는 3·1 만세운동 당시에도 방언공사를 마치고, 창생을 제도할 법인기도를 올리셨고, 수만년을 이어갈 정법대도를 내놓으셨다. 당장의 만세로 우리나라가 해방이 되고, 창생제도를 할 수 있었다면 그렇게 하셨을 것이다. 짧게 보면 우리나라가 지금은 암흑기 같지만, 곧 인권이 회복되는 시대가 올 것이니, 너희는 도학공부와 과학공부를 더욱 부지런히 하여 미래를 준비하라"고 하셨다. 그리고 저에게는 "박사학위까지 공부를 하여 교단과 사회를 위해 일할 수 있도록 하라"는 말씀을 해주셨기에 마음의 위안을 얻었고 공부에 전념할 수 있었던 것 같다. 대학생 때 출가는 꿈도 꾸지 않았지만 그래도 재가교도로서 일부 역할을 하게 된 것은 정말 다행이라고 생각된다.

안암교당이 청소년정책교당으로서 청년교화 및 대학생 교화를 더욱 활발히 하기 위해서 반드시 필요한 것이 있다. 교단과 사회에 필요한 도덕적 인재를 양성하기 위한 국제마음공부 학사이다. 현재 아파트 및 빌라를 전세로 빌려 여학사에 7~8명, 남학사에 3명이 생활하고 있다. 학사생들은 토요일 청년법회 뿐 아니라 수요일 정전공부방 참석이 필수이고, 여름·겨울 정기훈련 및 7일간의 출가여행을 이수하는 것이 의무이다. 이렇게 고민이 많은 대학시절에 교법을 공부하고 상시일기 정기일기도 작성하면서 교법에 맞게 생활하는 훈련을 평소에 함으로써 대종사님 법의 참다운 가치를 깨닫게 된다. 그리하여, 신심과 공부심이 강한 교도로서 교단과 사회의 핵심인재로 성장하게 되는 것이다. 국제마음공부 학사를 거치면서 출가를 한 청년들도 있을 뿐 아니라 재가교도로서도 주인정신을 가지고 청년회와 일반교도회에서 주도적인 역할을 해나가고 있다. 아파트나 빌라의 전세가 아니라 하나의 독립적인 학사 건물을 세울 날도 기대한다.

요즘 청년들은 3포 세대와 5포 세대를 넘어 7포 세대라고 불린다. 연애, 결혼, 출산을 포기한 3포 세대, 내 집 마련과 인간관계까지 더 포기한 5포 세대에서 이제 꿈과 희망까지 7가지를 포기한 세대라는 뜻에서 나온 말이다. 꿈과 희망을 포기한 청년들에게 국제마음공부 학사가 이들을 따뜻하게 보듬어 줄 수 있는 보금자리가 될 수 있다. 안암 청년회가 이들에게 새로운 용기를 북 돋울 수가 있다. 국제마음공부 학사와 안암 청년회가 우리 교단과 사회에 필요한 인재를 양성하는 인농(人農)의 역할을 하고 더욱 많은 출가자들이 배출되고 훌륭한 재가교도를 양성하는 산실이 되기를 염원한다.

오직 큰마음의 길을 향하여

소대용 (분당교당 청소년 담당교무)

내가 선택한 길, 출가

올해 내 나이 서른다섯, 출가하여 원불교 교무의 길에 들어선 지 만 6년이 흘렀다. 삶과 미래에 대해 고민이 참 많았던 스물아홉에 출가를 결심한 후, 안암교당 간사생활 1년, 영산선학대학교 학부과정 2년, 원불교 대학원 대학교 석사과정 2년을 마치고 지금은 교무가 되어 원불교 분당교당에서 청소년 교화를 담당하고 있다.

출가의 길에 들어서기까지 여러 교무님과 지인들의 권유도 있었고, 여러 가지 주변 환경의 영향도 있었지만, 최종적으로 결심을 하도록 이끈 것은 결국 '나의 선택'이었다. 출가하기 직전, 어떻게 사는 것이 가장 행복하고 바람직한 삶인지 치열한 고민과 갈등을 했었다. 그 모든 번민과 고통을 잠재운 마지막 관문은 '백척간두'에서 한 발을 내딛는 단 한

번의 선택이었다. 그 한 번의 선택은 많은 변화를 가져왔다. 그저 세속에 잘 적응하면서 평범하게 살려 했던 한 사람이, '성자가 되어 모두가 행복한 세상을 만들어 가리라.'는 어쩌면 평범하지 않은 꿈을 갖게 된 것이다. 지금 돌아보면 어찌 다행 그렇게 장한 생각을 했는지 스스로 기특할 때가 많다.

그러다 시간이 흘러 지난날을 곰곰이 돌이켜보니, 비록 내가 선택한 길이었지만 결코 나 혼자의 힘으로 된 것이 아니라는 것을 깨달았다. 그 뒤에는 수많은 인연의 도움과 은혜, 염원이 있었음을 조금씩 느끼고 알아가고 있다. 어쩌면 한 사람의 출가를 위해 엄청나게 많은 이들이 조금씩 힘을 모아 함께 기적을 만들어 가고 있는지도 모르겠다.

여전히 내 안에서 울려 퍼지는 노래

내가 원불교를 만난 것은 7살 때, 전남 보성에 있는 '원불교 보성교당'에서 입교한 때부터이다. 어머니께서는 소(蘇)씨 집안 4대째를 이어 갈 장남인 나를 위해 '자식 불공'을 드려볼 요량으로 이곳저곳 종교를 찾으시다가, 우연히 보성교당에 발걸음 하셨다.

어린 시절 교당에서의 기억은 많지 않으나, 지금도 가끔씩 내 안에서 아련하게 울려 퍼지는 은은한 멜로디가 있다. 원불교 성가 93장 '은혜로운 법신불 사은이시여!'라는 저녁기도의 노래이다. 어둠이 짙게 깔린 고요한 밤에 엄마와 남동생 손잡고 저녁기도하러 교당에 가곤 했다. 동생과 법당에 방석을 깔고 나란히 앉았을 적, 귀에 은은하게 울려 퍼지던 저녁기도의 노래와 좌종 소리의 거룩하고 포근한 느낌이 참 좋았던 것 같다. 어머니 말씀에, 그때 나는 8살의 어린 꼬마에 불과했지만 내 또래의 산만한 다른 아이들과는 다르게 가만히 앉아서 의식을 진득하게 지켜보았다고 한다.

어렸을 때는 그림에 퍽 소질이 있었는데, 1년에 한 번씩 열리는 전남·순천지구 체육대회에 참여 할 때면, 원불교 교조이신 소태산 대종사의 일대기를 10가지로 표현한 십상(十相)을 커다란 전지에 하나하나 물감으로 그려서 보성교당 휘장기로 만들었었다. 또 한 번은 '육도(六途) 윤회도'를 정성스럽게 그려서 교당 내부 벽에다가 붙여 장식하기도 했다. 당시에는 그 그림들이 무슨 뜻인지 잘 몰랐지만, 이런 경험들은 내 무의식 속에 하나하나 원불교에 대한 추억으로 간직되었다.

🌸 일요일은 '교당 가는 날'

10살 되던 해 광주광역시로 이사했다. 거기서는 새로 이사한 집에 가까운 '무등교당'에 다니기 시작했다. 매주 일요일 오전 10시에 어린이 법회가 있어, 주말이면 늘 법회를 보러 갔다. 시타원 이효민 주임교무님, 장타원 조인수 보좌교무님 두 분께서 늘 따뜻하게 맞아 주셨고, 동갑인 친구들이 서너 명이 늘 함께했기에 교당 가는 시간이 늘 기다려졌다. 그때부터 꼬박 10년 남짓, 일요일은 말 그대로 '교당 가는 날'이었다.

그 시절에 자연스럽게 원불교 문화와 정서가 몸과 마음에 젖어든 것 같다. 직접 좌종과 목탁을 쳐보기도 하고, 흥겹고 정겨운 어린이 성가도 많이 불렀다. 종종 교구에서 하는 교리퀴즈대회나 학생연합회 모임에도 참여하면서 다양한 활동을 했다.

초등학교 졸업 후 중학교, 고등학교를 살레시오 중·고등학교(천주교 살레시오 수도회)에서 다녔다. 비록 천주교 미션 스쿨이었지만, 타종교에 대해 관용적이고 포용적인 분위기 덕분에 주변 친구들에게 원불교를 다닌다고 자랑스럽게 말하고 다닐 수 있었다. 담임을 맡으셨던 이호열 신부님께서도 비록 종교는 다르지만 내가 어린 나이에도 종교 생활을 열심히 하는 것을 보고, 진심으로 독려하고 칭찬해주셨다. 그렇게 소싯적부터 원불교를 가까이하고, 주말마다 마음 챙기는 습관을 길들일 수 있었다.

왜 사람들은 고통 속에서 사는가?

막 사춘기에 들어섰던 중학생 때의 기억이다. 나는 종종 혼자 이불을 둘러쓰고 울곤 했다. 내 안에서 해결되지 않은 것이 많았다. '왜 세상 사람들은 스스로 고통의 바다에 들어가는가?'

특히 아버지의 삶을 보면서 그런 의문이 들었다. 아버지는 보성의 지방 공무원이셨고, 자식들 교육을 위해서 광주에서 보성까지 매일 3~4시간 걸려 출퇴근하실 만큼 성실하시고 헌신적이셨다. 하지만 나는 아버지의 모습에서 몇 가지 의문이 들었다. 아버지는 몸에 좋지 않은 줄 알면서도 습관적으로 담배와 음주를 하셨고, 종종 업무상 스트레스를 언행으로 표현하시기도 했다. 어린 마음에 이를 보면서 '왜 굳이 하지 않아도 될 일을 하시면서 스스로 고통을 장만하고 계실까?' 이해가 되지 않았다. 그런 모습들이 보통 사람들이라면 지극히 평범하고도 자연스러운 삶이라고 볼 수도 있겠으나, 나는 그것이 이해가 잘되지 않았다. 더 나은 방법, 더 나은 삶이 있는 것은 아닐까 생각하며 스스로 해결되지 않는 마음에 답답할 때가 많았다.

학교에서도, 학업 자체에 관심이 없는 몇몇 친구들을 보면서 마음속에 안타까움과 답답함이 더해왔다. 조금만 더 열심히 노력하면 학교생활 자체가 즐겁고 스스로 행복한 길을 만들어 갈 수 있을 텐데, 왜 자기의 소중한 시간을 허송하면서 심지어 옆에서 열심히 하려는 이들까지 방해하기도 하는 것일까? 이런 의문들에 해답을 찾지 못한 채 학창 시절을 보냈다.

나는 '큰 사람'이 되고 싶어요

고등학교 3학년 때 대학과 진로에 대해 결정할 시기였다. 평소 열정을 다해 제자들을 가르치는 학교 선생님들을 보며 참 멋지다 생각했고, 소설, 시 등 문학작품을 좋아했기에 자연스럽게 국어 선생님이 되는 꿈을 키워가고 있었다. 만약 국어 선생님이 된다면, 입시 공부로 팍팍하게 사는 학생들에게 잠시 쉼표가 되어 주고, 우리 문학의 순수함과 멋을 마음껏 느끼게 해주겠다는 생각을 했다. 게다가 학교 성적도 꽤 우수한 편이어서 서울 소재 최상위권 사범대학교 국어교육과를 준비하고 있었다.

그러다 수능을 100여 일 앞둔 어느 날이었다. 마침 원불교 광주교구 사무국에 갈 일이 있었는데, 마침 교구사무국장 교무님이 나를 보시더니 어떤 기도 카드를 주시면서 '수능 100일을 앞두고 네 자신만의 기도문을 써서 책상에 붙여놓고, 매일 기도를 올리면서 공부 해보라.'고 하셨다. 그 말씀 따라 정성을 들여 또박또박 기도문을 쓴 후, 학습실 책상 위에 테이프로 잘 보이게 붙여놓았다. 그리고 매일 밤 자율학습을 시작하기 전에, 두 손 모으고 간절한 마음으로 기도를 올린 후 공부를 시작했다. 전문이 다 기억나지는 않지만, 마지막 줄은 어렴풋하게 떠오른다.

'제가 지금 하고 있는 공부가 나 자신만을 위한 공부가 아니라, 반드시 이 세상을 위한 공부가 되게 해주세요.'

기도의 감화가 있었는지 몰라도, 수능 점수가 목표 이상으로 잘 나왔다. 그래서 전부터 눈여겨보았던 사범대학교 입시를 어렵지 않게 준비하고 있었다.

그런데 내 선택을 송두리째 바꿀 순간이 기다리고 있었다. 쉬는 시간 복도를 지나가는데, 퇴임을 앞두신 연세 지긋한 수학 선생님께서 날 부르시더니 한 말씀 건네셨다. 그 한 말씀에 내 미래가 완전히 바뀌었다 해도 과언이 아니었다. 수학 선생님께서 '이놈아! 사내놈이 무슨 선생님이냐, 큰일을 해야지!'라고 하셨다.

참으로 어리둥절했다. 당신이야말로 평생을 교직에 바치셨으면서 그런 말씀을 하시니 참 당혹스러운 상황이었다. 그러나 그 말씀은 알 수 없는 울림이 있었다. '그래, 장부로 태어나서 뭔가 큰일을 해야 하지 않을까! 그리고 어쩌면 내가 모르는 더 큰 세상이 있지 않을까! 이왕 서울로 갈 것이라면 교직이라는 정해진 길보다는 다양한 경험을 해보고, 넓은 세상을 무대로 살아보는 것도 좋겠다.'는 결심이 들었다. 그렇게 해서 한순간에 사범대학이 아닌 상경계열에 지원하게 되었다.

당시 상황만 본다면 수학 선생님의 말씀에 우연히 영감을 얻은 것 같지만, 돌이켜 생각해보니 그 마음 바탕에는 항상 '큰 사람'이 되어 '큰 일'을 하고자 하는 서원이 속 깊이 자리했던 것 같다. 그래서 완전히 새로운 길이었음에도 주저 없이, 두려움 없이 선택할 수 있었다. 그리고 그 선택은 나를 서울에 있는 '원불교 안암교당'으로 이끌었다,

교무님처럼 행복하게 살고 싶다

초중고 시절의 나에게 원불교란 곳은, 반가운 친구들을 만나 재미있게 노는 곳, 교무님들께서 늘 따뜻하게 반겨주시는 놀이터 같은 곳이었다. 하지만 스무 살 청년이 되어 만난 안암교당 청년회는, 원불교 교리에 대해 본격적으로 배우는 곳이었을 뿐만 아니라 내 인생을 진지하게 생각하고, 바람직한 삶의 방향을 찾아가는 '공부의 장(場)'이었다.

특히 안암교당 주임교무님이셨던 보산 김제원 교무님은 늘 원불교 교법을 삶에 연결시켜 주셨고, 내 마음속에서 뜨거운 무언가를 끓어오르게 하셨다. 그리고 소태산 대종사님의 교법과 원불교 정법 회상에

대한 확실한 믿음과 자신을 가지고 설법하시는 모습이 너무나 멋있어서, 교무님 말씀을 받들 때면 항상 스펀지가 물을 흡수하듯 빨려 들어가는 것 같았다. 매번 각성하도록, 참회하도록 일깨워 주셨다.

처음 참석한 법회에서 '부모님 은혜'에 대해 말씀하실 때는 눈물을 펑펑 쏟아냈었다. 크디큰 은혜를 모르고 살았던 지난날을 참회하였고, 그 은혜에 보답하며 사는 것이 당연함을 알게 되었다. 또한, 내 마음의 때를 녹여주시는 진리의 가르침을 듣는 그 순간들이, 그 자체로 정말 소중하고 감사한 시간이었다.

또한, 안암교당 청년회는 교리 공부도 열심히 할 뿐만 아니라 보은을 실행하는 곳이었다. 학생 시절만 해도 교당에 가면 미리 준비되어 있는 간식을 먹고, 교무님들의 아낌없는 사랑만 주로 받아왔다. 하지만 여기서는 사랑받는 데에만 그치는 것이 아니라 그동안 받아온 은혜에 기꺼이 보은하고, 청년들 각자가 직접 교당의 주인이 되어 서로서로 교화하고 사업하며 은혜를 생산해 내고 있었다.

김제원 교무님은 당신의 서원이 '영생의 행복자'로 사는 것임을 당당하게 말씀하셨다. 그리고 실제로도 참 행복해 보이셨다. 무엇보다도 수많은 교화활동을 하시느라 쉴 틈도 없어 보였지만 그 속에서 참된 기쁨과 희열을 느끼시는 모습이 참 근사하고, 멋있어 보였다. 나도 교무님처럼 행복하게 살고 싶었다.

그래서 스물한 살 때 잠깐 출가를 생각했던 적도 있었다. 그러나 유교적 뿌리가 강한 집안의 반대가 있었을 뿐만 아니라, 스스로 나름 명문대에 진학할 정도로 이룬 업적이 있는데 그것을 쉽게 놓을 수 없다는 묘한 자존심이 있었다. 열심히 공부해서 서울까지 왔으니 기왕이면 사회적으로 부와 명성을 얻고자 하는 욕심이 내 안에 자리했다. 무엇보다도 수행과 성직의 길보다는 남들처럼 평범하게 살고 싶다는 '작은 욕심'이 출가에 대한 결심을 한동안 접어두게 만들었다.

나는 왜 고통 속에 사는가?

고려대학교 정치경제학부에서 시작한 대학 생활은 그다지 만족스럽지 않았다. 대학 진학은 과정일 뿐 내 안에서 해결되지 않는 의문들은 여전했다. 인생의 근본적인 문제, 세상의 모순적인 모습들, 쉽사리 답을 내리기 어려운 사회적 문제에 대해 이야기하고 속 시원하게 토론하고 싶었다. 하지만 그런 대화를 깊게 나눌만한 친구들을 찾기 쉽지 않았다. 소위 명문대를 다니는 수재들이라도 꼭 나와 같은 고민을 하는 것은 아니었다.

뿐만 아니라 스스로 감정이나 습관을 제어하지 못하는 자신에 대해서도 큰 회의감이 생겼다. 중고등학교 때는 학교에서 시키는 대로만 잘 따라서 하면 그에 따르는 성취들이 저절로 따라왔다. 그리고 다소 철없는 행동을 하더라도 공부만 잘하면 어른들에게 인정받을 수 있었다. 하지만 성인이 되고, 서울에서 혼자 독립하여 살아가는 처지가 되니 상황이 달라졌다. 많은 것들이 자신의 선택에 달려 있고, 그간 주로 타력을 입으며 살았기에 가리어 있던 무자력한 모습들이 하나둘 드러나기 시작했다.

한 살 두 살 나이를 먹으면 저절로 어른스러움을 갖추게 되고, 성숙한 인격이 완성되는 줄 알았다. 하지만 벅찬 일을 만나서 나 자신을 제어할 수 없을 때, 여러 인연 관계 속에서 상처를 주고받으며 잘 풀어내지 못할 때, 또는 순간순간 감정의 노예로 살아가는 스스로 직면하면서 괴로운 시간을 보내기도 했다. 무작정 큰 꿈을 좇아 서울로 왔지만, 진정 원하는 것은 무엇인지, 무슨 일을 해야 정말 행복하게 살 수 있는지 갈피를 잡지 못한 채 방황하곤 했다. 구체적이고 명확한 서원을 세우지 못했기 때문이었다.

처음에는 큰 자극으로 다가왔던 교당 청년회 활동도 점차 시들시들해졌다. 철이 없던 나는 교당에 가서 설교와 법문을 듣고 가는 것은 좋았지만, 막상 해야 할 의무와 책임에는 관심이 없었다. 청년회가 원만하게 운영되기 위해서는 한 사람 한 사람이 일을 맡아 그만한 역할을 해야 하는데, 나는 그저 내가 필요한 것만 찾아 편하게만 다니고 싶었다. 아무리 교무님과 선배 청년들이 잘 챙겨주고, 관심을 쏟았지만, 당시에는 무엇이 내 눈을 가렸는지 그 은혜들이 잘 보이지 않았다. 관심사는 주로 세속에 있었고 젊음을 소모하는 데 있었다. 그렇게 나의 20대 초반 대학시절은 무심히 흘러갔고, 대학 졸업 후 군대를 가게 되었다.

철이 든다는 것은 '은혜'를 안다는 것

대학교를 졸업한 후, 2년간 장교(ROTC)로 복무했다. 보병부대 소대장을 맡아 휘하에 20 여명의 병사들을 지휘하고 관리하는 임무를 맡았다. 그동안 주로 받는데 익숙했던 수동적 생활에서, 직접 부하들을 챙기고 책임지는 자리에 서게 된 것이다. 군대에서는 일과도 고될 뿐 아니라 늘 지도하고 관리하는 입장에서 주변을 살피다 보니, 그동안 수없이 받아왔지만 알아차리지 못했던 은혜들이 비로소 피부에 직접 와 닿았다.

'그래, 내가 살아온 것이 내가 잘해서, 내가 잘나서 산 것이 아니구나, 그동안 감사한 줄도 모르고 철없이 살았구나.'

지금까지 낳아주시고 길러주신 부모님, 바른길로 이끌고 가르쳐 주신 스승님들, 청년회 단장님, 그리고 군대에 있을 때조차 끊임없이 편지와 선물을 보내주는 청년 교도들이 참 고마웠고, 제대하면 그동안 받아온 은혜에 반드시 보은해야겠다는 마음이 생겼다.

그래서 제대 후에는 안암교당 청년회의 주인이 되어 열심히 다니기 시작했다. 청년회장단, 단장도 맡아 직접 교화를 하고, 정례법회는 물론 수요일 정전마음공부방에도 거의 2년간 무결석하며 교당의 주인으로서 활동했다. 적극적으로 할수록 자신이 더 행복하고 안에서 기쁨이 솟아났다. 더 열심히 보은해야겠다는 마음이 꿈틀대는 것을 느꼈다.

전에는 원불교의 소의 경전인 '원불교 전서'를 한 번도 제대로 읽어 본 적이 없었는데, 마음이 살아난 그때부터는 매일 노트에 사경(寫經)

도 하면서 3~4번 읽어보게 되었고, 새 부처님 대종사님과 원불교 교법의 진가에 대해 조금씩 알아가기 시작했다. 단순히 즐겁고, 분위기가 좋아서만 다니는 것이 아니라, 진실로 종교적 삶, 성자적 삶에 매력을 느끼게 되었다.

🌸 물 밖에 사는 물고기

20대 후반에는 신심과 공부심이 매우 충만했었다. 이왕 한 번 사는 인생, 공중과 공익을 위해 오롯하게 헌신해볼까 하는 생각이 다시 일어났다. '나'라는 작은 울타리를 넘어선 출가의 길이 세상에서 가장 가치 있는 일이요, 내가 그토록 원했던 '큰 사람' 되는 길이라는 확신도 들었다. 그러나 막상 출가를 결심하기까지는 꽤 오랜 시간이 걸렸다. 집안의 반대도 여전했고, 원불교 공부는 재가·출가 구별 없이 언제 어디서든 공부할 수 있는 법이라, 지금처럼만 산다면 재가 교도로서도 충분히 역할을 하며 잘 살 수 있겠다는 일종의 자신감이 있었다.

하지만 그것은 사실 내 안에 깊숙이 자리한 어떤 욕심을 포장하기 위한 것이었다. 재색명리에 대한 욕심도 물론 있었지만, 더 큰 장애물이 하나 있었다. 그것은, '평범하게 살고 싶은 나태심'이었다. 안정적으로 월급 주는 직장에 다니면서, 마음 맞는 인연과 결혼하여 토끼 같은 자식들 낳아 기르고, 주말마다 교당 안 빠지고 다니면서 여력이 되는 대로 봉공하면 충분하지 않을까… 이 정도를 보은이라 생각했다. 그 정도면 괜찮은 신앙생활인 줄 알았다.

그 깊숙한 뿌리에는 일단 내 일부터, 내 인생부터 잘 조각해놓고, 봉공은 그다음에 하자는 생각이었다. 그것이 욕심이란 사실도 몰랐고, 그냥 당연한 일, 평범한 일이라고 생각했다. 교당에서 열심히 한다고 자부하고 있었지만, 여전히 내 몫이 먼저였고 내 몸 편한 것이 먼저였다.

하지만 이런 마음을 진리께서는 어찌 알고 계셨는지, 막상 재가로서의 삶도 가시밭길의 연속이었다. 내로라하는 대기업에 지원했으나, 최종 면접까지 간 곳에서 모두 떨어지고 말았다. 친한 친구와 인터넷 쇼핑몰을 해보겠다며 몇 개월간 사업을 준비해 보았지만, 이 역시 신통치 않았다. 그 과정에서 모아둔 자금도 떨어지고, 뭐든지 할 수 있을 것만 같았던 자신감도 바닥으로 떨어졌다. 계속되는 실패에 심지어 사람들을 만나기가 두려워 몇 달간 집 밖을 못 나갈 정도로 괴로운 시간을 보내기도 했다.

내 인격에 대한 실망도 커져만 갔다. 서른이 가까워지면 사회 경험도 쌓이고 저절로 철이 들어서 내 마음을 내 마음대로 할 수 있을 줄 알았는데 결코 그렇지 않았다. 인생의 방향이 바르게 서지 않았기에 늘 쳇바퀴 도는 삶을 반복할 뿐이었다. 또한 훌륭한 인격과 마음의 자유는 저절로 성숙되어지는 것이 아니었다. 그것은 끊임없는 훈련이 필요한 것이었다. 공부로 단련되지 되지 않는 인격은 나이가 들수록 아상과 주견, 고집이 늘어날 수밖에 없다는 사실을 깨달았다.

내생에 가장 행복했던 순간

서른 살을 앞둔 2014년 5월, 익산 원불교 중앙총부에서 원불교 3대 종법사이신 대산 김대거 종사의 탄생 100주년 기념 대회'가 열렸다.

드넓은 총부 영모전 앞 광장에 3만여 명의 대중이 운집한 가운데, 커다란 스크린에서 대산종사의 일생을 담은 회고 영상이 거룩한 음악과 함께 나오기 시작했다. 잠시 후 내 눈을 사로잡은 내용이 하늘을 울리는 듯한 소리와 함께 나오기 시작했다. 대산종사께서 16세 되던 해 출가를 결심하시며 말씀하신 일성(一聲)이었다.

"인생으로서 출세하여 공적이 없이 죽는다면 이 나의 평생에 어찌 부끄러움을 면할 손가."

그 말씀을 듣자마자 속에서 눈물이 솟아오르기 시작했다. 왜 나는 저 스승님처럼 마음의 그릇이 크지 못할까. 전생의 업장이 얼마나 두텁기에 서른이 다 되도록 내 몸 하나, 내 욕심 하나 어쩌지 못하고, 아직도 허튼 데 에너지를 쏟고 사는 것일까. 하늘도 내 속마음을 아는 듯, 가랑비가 계속 추적추적 내리고 있었다. 그간 확실한 목표 없이 떠돌았던 세월이 너무나 후회스럽고, 실망스러워서 굵은 눈물방울이 뚝뚝 흘러내렸다. 깊은 참회의 눈물이었다.

그리고 며칠 후, 김제원 교무님을 찾아뵙고 출가를 서원하였다. 모든 것을 다 내려놓았다. 더 이상 물러서지 않고, 마음을 정했다. 교무님께서는 누구보다 기뻐하시며 이 출가의 길에서 잘할 것이라 믿어주시고 축복해주셨다.

"그래. 물고기가 물에서 살아야지. 네가 아무리 대기업 임원이 되고 큰 부와 명예를 얻더라도, 전무출신하는 것보다는 아깝다고 생각한다."

출가 서원을 세우고 난 직후 내 마음은 얼마나 가벼웠는지 모른다. 욕심의 구름이 걷히고 나니 정말 개운하고, 맑고 밝은 빛 그 자체가 되었다. 나 자신, 내 가족만을 위하려는 마음을 던져버리고 스스로 만들어 놓았던 작은 울타리를 무너뜨리자, 온 세상이 내 집 같고 무슨 일이든 할 수 있을 것 같았다. 그리고 이제는 내 안에서 또렷한 서원이 떠올랐다.

'원만구족한 사람이 되어, 지공무사한 마음으로 보은하자.'

이것은 나의 출가 일성(一聲)이 되었다. 어두웠던 마음이 되살아나기 시작했다. 모든 것을 다시 시작할 수 있게 되었다. 기쁜 마음으로 새로운 길을 준비하게 되었다. 원불교 교리도 더 깊게 배우고, 원불교의 역사와 초기 선진님들에 대해서도 공부하며 전무출신의 소양을 갖추는데 노력하기 시작했다.

🌸 자존심을 내려놓으라

서른이 다 되어 출가한지라, 처음에는 학교에 서둘러 들어가 빨리 교무가 되어 현장에서 보은하고 싶다는 생각이 들었다. 가족과 주변 인연들도 나이도 있으니 그렇게 하는 것이 좋겠다고 하셨다. 그러나 김제원 교무님께서는 교당에서 1년간 간사근무를 하고 편입할 것을 말씀하셨다. 처음에는 어렸을 때부터 교당 경험을 많이 했던 내가 꼭 간사근무를 해야 하는지 의아했었다. 그래도 무슨 뜻이 있으시겠지 생각하며, 군말 없이 일단 따라보기로 했다.

덕분에 1년간 다른 곳에서는 쉽게 얻지 못했을 많은 소득이 있었다. 왜 교무님께서 간사를 하라고 하셨는지 그 본의를 알게 되었고, 제자가 참 행복을 얻고 잘 되길 바라는 스승의 진심 어린 사랑과 깊은 자비를 느낄 수 있었다.

가장 큰 소득은 내 안에 깊이 자리한 '자존심'을 발견할 수 있었다는 점이다. 서른이 다 되어 출가한 만큼, 30여 년의 세월 동안 스스로 키워놓았던 '자존심'이 내 생각과 삶을 지배하고 있었다. 어렸을 때부터 학업 성적도 꽤 좋았고, 어른들께도 주로 '잘한다.'는 칭찬만 듣고 살아왔었다. 그래서 늘 내 판단과 선택이 대개 옳은 줄로 착각하며 살았었다. 그런데 교당에서 살다 보니 그런 과거가 내 인격에는 독이 되어 자라고 있었음을 알게 되었다. 잘못을 저질러 놓고도 그것을 인정할 줄 몰랐었다.

한 번은 대각개교절 법위승급식 행사 날이었다. 음향 담당을 맡았는데, 법회 중간에 설교 단상의 노후화된 마이크가 갑자기 부러지는 바람에, 초청한 법사님께도 큰 누를 끼쳤고, 원활한 진행도 되지 못했다. 사전에 마이크를 잘 관리하지 못했기 때문이었다. 큰 행사에 피해를 끼쳤다는 생각에 침울해 있었는데, 교무님께서 부르셔서 자초지종을 물으셨다. 나는 마이크가 노후화돼서 어쩔 수 없었다는 식으로 핑계를 대었다. 호통이 떨어졌다.

"너는 왜 죄송하다는 말을 할 줄 모르느냐?"

큰 충격을 받았다. 잘못과 책임을 시인하기보다는 환경 탓만 하고 있었던 것이다. 잘못했다는 사실을 감추고 숨기는 데만 급급했을 뿐, 담당자로서 관리를 잘하지 못한 사실은 계속 회피하려고 했었다. 교무님의 지적에 그때야 내 자존심이 두께가 매우 두껍다는 것을 깨달았다. 살아오면서 잘못을 쉽게 인정하지 못하고, 그것을 숨기려는 성향이 강했다는 것을 알았다. 마음병을 이제야 발견한 것이다. 정말 소중한 깨달음이었다.

❋ 밖을 향하는 눈을, 내 안으로 돌리어

간사를 마치고 향한 곳은 영산성지에 위치한 영산선학대학교였다. '영산성지'는 전남 영광군 백수읍에 자리한 원불교의 근원성지로, 원불교 창시자 소태산 대종사님이 탄생하시고 구도하시고 대각을 이루신 곳으로 원불교가 시작된 곳이다. 아직도 하루에 버스가 대여섯 대 정도만 다닐 정도로 인적이 드문 곳에 자리하고 있으며, 이처럼 고요하고 평화로운 곳에서 함께 수행하며 동고동락하는 원불교 예비교역자들은 대종사님 당대의 '수행 공동체'의 모습을 많이 닮아 있는 것 같다.

영산선학대학교 3학년에 막 편입해서 있었던 일이다. 마음공부에 관심이 깊어지고, 이제 확실하게 원불교 식구가 되었으니, 교단에 대한 애정도 점점 커졌다. 동시에 원불교를 '내 집'으로 생각하는 만큼, 교단 내 산재해 있는 여러 가지 문제들에 불만도 생기기 시작했다.

하루는 남자 기숙사 사감이셨던 우산 홍성훈 교무님께 찾아가서 교단의 여러 문제점에 대해 많은 질문을 했다. 변화하는 시대에 맞지 않고 시급히 해결해야 할 문제들이 이렇게나 많은데, 과연 교단은 그것을 해결할 의지가 있는지, 훌륭하신 선진님들은 지금 무얼 하고 계시는지 조목조목 묻고 따졌다. 문제 해결이 어렵다면 나부터라도 그런 문제에 대해 관심을 가지며 논문도 쓰고, 그 원인들을 정확하게 분석하고 싶다고 말씀드렸다.

교무님께서는 흥분하여 말하는 나를 진정시키시더니 '밖으로 향하는 마음을 안으로 비추어 보라'고 말씀하셨다. 사실 처음에는 왜 그렇게 말씀하시는지 이해가 되지 않았다. 현실적으로 명명백백 잘못을 따지고, 무엇인가 잘못되었다면 개혁하고 변화시켜야 하는 것 아닌가, 속으로 답답함이 더해갔다. 왜 동문서답처럼, 먼저 내 마음부터 들여다보라고 하시는 걸까?

🌸 변산구곡로(邊山九曲路) 석립청수성(石立聽水聲)

4학년 여름이었다. 하루는 도반들과 함께 아침 좌선을 하고 감상을 나누고 있었다. 그날은 좌선이 좀 잘된 느낌이 있었고, 감상을 발표하는 시간에 '오늘 좌선 때는 대종경 성리품 11장 '변산구곡로(邊山九曲路) 석립청수성(石立聽水聲). 돌이 서서 물소리를 듣는다)'이라는 화두에 대해 조금은 알 것 같다.'고 말했다. 그런데 돌연 지도 교무님께서

'그렇다면 코와 귀가 서로 돕는 이치가 무엇이냐?'고 되물으셨다. 숨이 탁 막혀왔다. 그 물음에 전혀 대답할 수 없었다. 그리고 한 번 더 물으셨다. '좀 전에 '변산구곡로 석립청수성'은 알겠다면서?'

순간 눈앞이 캄캄했다. 학교에서도 나름대로 열심히 공부하고 마음 챙기며 살았기에 스스로 경지에 대해 자부심이 있었고, 또 출가한 이후로 매일 저 화두를 들며 연마했기에 조금은 '안다'고 착각하고 있었다. 하지만 교무님의 날카로운 반격에 전혀 대답하지 못했고, 돌연 내가 '아는 것'이 하나도 없다는 사실에 하늘이 무너지고 땅이 무너지는 것 같았다.

그날의 충격은 내 공부길을 처음부터 돌아보게 했다. 어디서부터 잘 못되었던 것일까? 도대체 진리란 무엇이고, 깨달음의 자리는 어떻게 들어가는 것일까? 큰 좌절만큼이나 큰 분발심이 났다. 출가의 길에 들어선 이상 물러날 곳이 없었다. 반드시 깨칠 수 있고, 성자가 될 수 있다는 믿음을 굳게 다지는 계기가 되었다.

그리고 며칠 뒤, 화두를 들고 아침의 맑은 기운이 솟아있는 영산성지를 산책하다가 옥녀봉 앞을 지날 무렵이었다. 문득 모든 생각과 분별이 멈춰지는 순간, 한 소식이 밝아졌다. '아! 이것이구나!' '변산구곡로 석립청수성'에 대해 홀연 알아지는 것이 있었다. 이제야 비로소 왜 밖으로 향하는 마음을 안으로 비추어 보라는 것인지 알게 되었다. 다시 한번 하늘이 무너지고 땅이 무너진 날이었다.

어떻게 세상과 소통할 수 있을까

영산에서의 학부 2년을 마치고, 전북 익산에 위치한 원불교대학원대학교에 진학하여 석사과정 2년을 공부하였다. 대학원 2년 동안은, 원불교 교법을 어떻게 하면 쉽게 활용할 수 있을까, 어떻게 세상과 소통하고 연결시킬 수 있을까를 연마하는 시간이었다. 산업, 문화, 생활 등 모든 것이 급변하는 시대이다 보니, 원불교 역시 개교 100여 년 밖에 안된 신생 종교임에도 불구하고 그 변화에 발맞춰 가는데, 어려움을 겪고 있는 것 같다. 더욱이 많은 종교가 젊은이들의 관심으로부터 외면을 면치 못하고 있는 오늘날, 곧 교화 현장에 나갈 준비를 하는 나로서도 이를 어떻게 해결해야 할지 고민하지 않을 수 없었다.

고민의 결과, 여러 가지 현장 경험을 습득하는 것도 좋지만 무엇보다 나부터, 내면에서부터 원불교 교법의 전문가가 되는 것이 가장 중요하고, 안으로 저력을 키우는 것이 우선이겠다는 결론을 내렸다. 원불교 교법은 '대세계주의(大世界主義)'고, 무슨 일에든 이를 적용하면 그 일을 성공시키는 교법이라 하였으니, 분명 미래 세상에 모든 것을 하나로 연결시켜 통합 활용할 수 있는 '플랫폼' 역할을 할 수 있으리라 생각된다. 그래서 세밀한 부분까지 완전히 토가 떨어지도록 경전을 보고 또 보고, 내 언어로 쉽게 풀어내는 데 공을 들였다. 또, 단순한 지식의 습득에 그칠 것이 아니라, 내 삶부터 탈바꿈하기 위해 유무념 공부를 가지고 반복 연습하고 훈련하는 데 정성을 들였다.

이처럼 표준을 세우고 공부한 결과, 우리 교법을 누구에게나 강의하고 지도할 수 있을 만큼 스스로 자신감이 생겼다. 내 안에서부터 대종사님이 새 시대 새 세상의 주세불이시며, 우리 교법이 혼탁한 세상을 맑히고 밝혀 줄 주세교법 임을 확신하게 되었다.

첫 교무 발령의 설렘, 분당교당에서

2019년 12월 13일, 가족들과 수많은 대중의 축하 속에 출가서원식을 함으로써 드디어 모든 예비교역자 수학과정을 마치고 정식 교무가 되었다. 안팎으로 치열했던 공부 과정을 무사히 마쳤다는 안도감과 함께, 수많은 주변 인연들의 보살핌과 응원에 진심으로 감사함을 느꼈다. 동시에, 아직 많이 부족한 실력임에도 실전에 나가서 교화를 해야 한다는 긴장감도 스멀스멀 올라왔다.

어떤 곳에 발령을 받든지, 어떤 상황에 처하든지 원불교 교법의 핵심을 놓치지 않겠다는 다짐을 했다. 그 핵심축의 하나는 '처처불상 사사불공'의 신앙이요, 둘은 '무시선 무처선'의 수행이라 생각된다. 그래서 밖으로 만나는 모든 인연마다 부처님으로 모시며 일마다 정성을 들이고, 안으로 지금 이 마음을 지키고, 잘 활용하자는 표준으로 살아가려고 한다.

2020년 새해를 맞아, 내 교무 인생 첫 발령지는 경기인천교구 분당 교당으로 결정되었다. 25년의 그리 길지 않은 역사이지만, 교구 내에서 법회 출석수도 가장 많고 청소년들도 많은 교당이라 가능성이 무궁무진한 곳에 왔다는 생각에, 깊은 감사심과 사명감이 다시 차올랐다. 무엇보다도 어린이, 학생, 청년 교화를 담당하게 된 만큼, 어떻게든 우리 청소년들이 교당에 와서 인생의 방향을 잘 설정하고 진리적 삶으로 변화하여, 미래 세상을 이끌 큰 인물들로 키워낼 수 있도록 교화에 박차를 가하고 있다.

🌸 오직 작은 마음을 큰마음으로

마음공부를 하면 할수록 진진한 재미들이 많다. 출가하여 전문적인 공부를 하지 않았더라면, 어찌 혼자서 내 마음과 성품의 원리를 깨달을 것이며, 나와 세상의 관계, 인과의 이치 등에 대해 깊이 배울 수 있었을까? 공부를 하면 할수록 '출가'라는 그 한 번의 선택이 얼마나 소중하고 다행한 일인지 모르겠다.

아직 세속의 때가 완전히 떨어지지 않아서, 어떤 때는 마음이 온통 신심과 공심, 공부심으로 충만해 있다가도 또 어떤 때는 내 몸 하나만을 위하려 하고, 나태하고 싶은 마음이 슬금슬금 기어 나올 때도 있다. 아직은 법과 마가 싸우는 중에 마가 이길 때도 많다. 그래도 언젠가는 '소태산 대종사님을 닮은 큰 성자가 되리라.'는 분발심과 서원으로 하루하루 챙기고 또 챙기며 살고 있다.

대종사님께서는 당신의 가르침을 한 마디로 '오직 작은 것을 크게 할 뿐이며, 작은 데에 들이던 공력을 큰 데로 돌리는 것'이라 하셨다. 나 역시도 작은 마음, 욕심의 마음이 날 때마다 오직 큰마음으로, 큰 서원으로 돌리는데 공을 들이고 있다. 이제 막 현장에 발을 딛는 지금부터는, 학습 위주의 예비 교역자 시절과는 차원이 다른 '큰 경계, 일 속에서의 경계, 살아 꿈틀대는 경계'들이 나를 기다리고 있을 것이다. 그리고 그 경계들이 나를 더욱 성숙하고 큰 사람으로 키워 줄 '공부거리' 임을 굳게 믿기에, 앞으로 마주할 순간순간들이 설레고 기다려진다.

벚꽃잎처럼..

박여주 (가락교당 청소년 담당교무)

원불교와의 인연

나는 원래 종교라면 완강하게 거부하던 사람이었다. 신이라는 존재를 믿지도 않았고, 존재의 여부도 모르는 그에 의지한다는 것 자체가 나약하다고 생각했다. '내가 노력하면 되지!'라며 철저하게 나를 믿는 '나'신교였다. 부모님께서는 두 분 다 원불교를 다니셨지만, 부부싸움을 자주하셨다. 그래서 더욱 종교에 대한 신뢰도 없었고, 아버지께서 매번 교당 나가라고 권유하셨지만 가지 않았다.

중학교 1학년 때의 일이었다. 그때 친오빠가 갑자기 환청, 환각 증세가 오면서 여러 이상한 행동이 이어지더니, 급기야 돌아가신 할머니의 행동을 보였다. 소위 말하는 빙의 현상이라고 했다. 결국 정신병원에 입원해서 어머니와 면회를 가곤 했다. 병원에는 내 또래의 어린 학생들도 꽤 입원해 있는 모습

을 보며 충격으로 다가왔고, 면회장에서 많은 환자와 가족들이 서로

껴안으면서 울고 있던 모습들이 아직도 생생하다. 지금 생각해보면 소태산 대종사님이 말씀하셨던, 앞으로 정신의 병으로 고통받는 사람들이 얼마나 많을지, 그로 인해 환자들도 환자들의 가족들도 마음이 얼마나 찢어질지 직간접적으로 느끼게 된 계기가 된 것 같다.

🌸 달콤한 제안

대학교 1학년 말, 평소 용돈 한번 안주시던 아버지가 100만원을 줄테니 안암교당 청년법회에 다녀보라고 하셨다. 당시 아르바이트를 하던 나는 아버지의 달콤한 제안에 '조금만 나가는 척하다 말아야지'라는 생각으로 교당을 방문하게 되었다.

당시 보산 김제원 교무님께서 평상심에 대한 설법을 해주셨는데, 평상심이란 감정에 끌려다니지 않고 여여한 마음을 갖는다는 내용이었다. 살다 보면 가끔은 너무 우울해지고 무기력해지는 자신이 싫었던 적이 종종 있던 터라 항상 여여할 수 있는 평상심을 가질 수 있다면 좋겠다고 생각했다. 또 자전거 페달을 그려주시며 '목적도 없이 열심히 페달만 밟으면 제자리에서 빙빙 돌기만 한다.'라는 말씀이 당시 대학 시절 진로에 방황하던 나에게 확 와 닿았던 것 같다.

조금씩 교리에 대해 알아가면서 '아! 내가 부처고, 여기가 바로 '나'신교 구나!'라는 생각이 들었다. 더 나아가 이전에 내가 알던 나신교가 자신의 이익만 챙기는 것이라면, 원불교는 나도 좋게 하고 타인도 좋게 하여 모두를 행복하게 하는 더 큰 행복을 위한 법이구나 하고 알게 되면서 원불교에 열심히 다니기 시작했다. 교화단 활동도 재밌었고, 사

업부에도 소속되어 일도 하면서 교당에 오는 날도 점차 많아지게 되었
다.

✳ 삶과 죽음, 고뇌

어느덧 대학을 졸업하고 운좋게 대기업에 취업했다. 초반에는 회사에
적응하랴, 또 월급으로 그동안 하고 싶었던 것들을 하면서 나름 즐겁
게 보냈다. 사고 싶은 것도 웬만하면 다 살 수 있었고, 하고 싶은 것
도 먹고 싶은 것도 마음껏 즐길 수 있었다. 그러나 2년 차, 3년 차가
지나면서 점점 인생과 삶의 의미에 대해 깊이 고민하기 시작했다. 일
에서 재미를 찾지 못했고 매일 아침 회사로 억지로 끌려가는 듯한 기
분이 싫었다. 소중한 인생인데 하루하루 즐겁게 살고 싶었다. 그러던
중, 세월호 사건이 터지고, 주변에서 젊은 나이에 사고나 병으로 죽은
사람들의 소식을 종종 듣게 되면서 '아 나도 언젠가 갑자기 죽을 수도
있겠구나!'라는 생각이 들었다.

회사 내의 임원들이
나 부장님들을 보아
도 돈, 권력, 안정적인
가정과 넓은 집, 좋은
차 모든 것을 다 갖추
었어도 실적에 대한
스트레스나 가정불화
등으로 끝없이 고뇌하며 살아가고 있었다. 주변의 직장 동료들도 회

사는 그냥 돈을 벌러 오는 것이고 주말에 자기 하고 싶은 거 하면서 사는 게 낙이라고 했다. 나는 주말만 바라보고 평일의 대부분을 희생하면서 사는 주말 바라기가 아니라 매일매일 행복하고 싶었다. 아침에 눈 떴을 때 오늘 하루를 살아갈 마음에 설레며 일어나고 싶었다. 마치 어릴 적 소풍가기 전날 밤부터 설레는 마음처럼, 아침에 눈이 번쩍 뜨이는 그런 하루를 살고 싶었다. 타의에 의해 끌려다니며 '살아지는 삶'이 아닌 주체적으로 나의 인생을 '살아가는 삶'을 살고 싶었고, 그러려면 어떻게 해야 하는지 고민했다.

🌸 나의 꿈, 그리고 결심

인생을 즐겁게 살려면 내가 좋아하는 걸 해야겠다고 생각했지만, 나는 내가 무엇을 좋아하고 잘하는지도 몰랐다. 학교는 그런 것들을 알려주지 않았다. 학교에서 뭘 공부했고 뭘 배웠는지 대부분 기억나지도 않았다. 16년간 공부했던 것들이 단지 타이틀을 위한 공부였다는 느낌이 들었고 허망하게 느껴졌다. 많은 사람들이 행복을 좇지만, 정작 사회에는 전쟁, 테러, 갈등, 자살, 폭력 등의 문제가 끊이지 않았다. 왜 그럴까? 나는 그것이 교육의 문제라고 생각했다. 학교가 지식만 주입하기 때문이다. 학교는 학생의 재능과 적성을 찾아주고 인생을 잘 살아갈 수 있는 삶의 방향로를 제시해주는 역할을 해야 한다. 그런 이상적인 학교가 있다면 지금의 나처럼, 무기력하고 회의감에 젖어 인생을 어떻게 살아야 할지 모르고 방황하는 사람들이 좀 줄어들지 않을까 하는 생각이 들었다.

이것저것 찾아보다가 원불교 교무님이 설립한 김제의 지평선 중고등학교를 알게 되었는데 교육 커리큘럼이 내가 바라던 이상적인 학교와 가까웠다. 오전에는 국·영·수 공부를 하고 오후에는 악기, 제과, 공예 등 개개인의 다양한 적성을 살리는 교육, 인문학과 더불어 마음공부까지 수업으로 배우는 그런 학교였다. 나는 이런 학교가 더 대중화되면 좋겠다고 생각했고, 이러한 꿈을 이루기 위해서는 스스로 자력을 더욱 키워야 했다. 꿈을 이루려면 부지런해야 하고 매일 아침 일찍 일어나야 하는데, 나는 잠이 너무 많았다. 하지만 원불교 훈련이라면 가능하지 않을까? 혼자 하기는 어려워도 훈련을 하면, 타력을 입는다면, 지금의 나를 성장시키고 더불어 사회를, 세상을 변화시킬 수 있지 않을까? 꿈을 꾸기 시작하면서, 조금씩 출가라는 길을 고민하게 되었다.

하지만 원불교 교무로서 요구되는 정녀, 정복문제로 마음이 쉽게 나지 않았다. 예쁜 옷, 좋은 집, 결혼 등의 문제도 마음에 걸렸다. 고민이 깊어지다가 어느 날 문득 벚꽃이 떨어지는 모습이 떠올랐다. 벚꽃잎이 흐드러지게 떨어지면 꽃잎은 스스로 죽어가지만, 사람들은 그 꽃잎들을 보며 행복해한다. '그래, 어차피 내 인생 언제 죽을지도 모르는데…, 어차피 죽을 거 벚꽃잎처럼 죽자. 나 하나의 인생을 던져서라도 많은 사람이 행복해할 수 있다면 그걸로도 충분히 가치 있는 삶이 아닌가?' 꿈과 이상을 실현하기 위해 내 작은 욕심들은 과감히 버리자고 다짐하고 결국 출가를 결심하게 되었다. 그렇게 모든 것을 다 놓아버리고 사직서를 냈다. 퇴사하고 나니 마음이 홀가분했다. 마음이란 것은 형상도 없는 것인데 그동안 스스로 만든 허상을 붙잡으면서 혼자 고민하며 괴로워하고 있었구나 하는 생각이 들었다. 놓아버리면 이렇게 가벼운 것을….

🌸 출가의 길, 일과

나는 새벽 5시에 일어난다는 건 상상도 못할 정도로 잠이 많았다. 출가하기 전 추천교무님이신 보산 김제원 교무님께 '저는 아침잠이 많아서 힘들 것 같아요.'라고 말씀드리니, 교무님은 '학교 가면 알아서 하게 된다.'라고 하셨다. 정말 신기하게도 다른 사람들 다 일어나니까 알아서 일어나졌다.

출가 후 안암교당에서 간사생활을 하며 새벽 5시에 좌선하고, 청소하고 밥하고 하루하루를 바쁘게 살다가 밤에 잠자리에 누우면 오늘 하루도 알차게 보냈다는 생각에 스스로 굉장히 뿌듯한 마음이 들었다.

🌸 출가의 길, 마음공부

- 정의를 향한 굳은 신념

마음공부를 하니 화날 일이 별로 없어졌다. 사람들은 저마다 색안경을 쓰고 세상을 바라본다. 색안경을 벗으면 세상 그대로를 온전하게 바라볼 수 있는데 색안경을 끼고서는 자기가 바라보는 세상이 정의인 양 우기며 싸우곤 한다. 수심결 5장에 '일예재안(一翳在眼)에 공화난추(空 花亂墜)니라' 한 티끌이 눈에 있으매 허공 꽃이 요란하게 떨어지나니 라._라는 말이 있다. 우리는 눈 안의 티끌을 허공에 떨어지는 꽃으로 착각하면서 산다. 즉, 자기가 만든 생각으로 세상을 바라보기에 세상 그대로의 참모습을 바라보지 못한다는 것이다. 나 또한 그랬다. 특히 막 출가했을 때는 초발심과 정의감에 도가에 들어와서 게으르고 공중 사에 협력하지 않는 도반을 보며 혼자 힘들어했다. 누군가 법에 맞지 않으면 '저러면 안 되는데, 스스로가 죄짓는 일인데' 하며 남 걱정을 했다.

시간이 지나면서 어린 동생이 함부로 하면 '그래 나이가 어디 있냐? 내 수자상 이려니.'하고, 잘못하는 행동이 보여도 '나도 못하는 게 있 고 알면서도 못 고치는 부분이 있지 않나' 하면서 이해하려고 했다. 회 광반조(廻光返照), 바깥으로 향하는 빛을 안으로 돌려 나에게 향하려고 노력했다. 당장 나아지지 않더라도 나름대로 불공도 해보고, 대화도 해 보고, 진리 전에 기도도 해보고 정성을 들이되, 그 결과는 다 진리 전 에 맡겨두고 거기에 어떠한 착심도 욕심도 두지 말고 내가 할 수 있는 정당한 일만 하자고 다짐했다.

대종경 서품 9장에 대종사님 당대에 이웃 마을의 부호 한 사람이 방 언공사를 하는데 와서 분쟁을 일으키니까 대종사님께서는 '모든 것은 사필귀정(事必歸正)이어니 우리는 정당한 일만 하자' 하신 법문 말씀이 많은 힘이 되었다.

- 경계마다 공부찬스

마음공부를 하면서 또 하나 배운 점은 '경계를 당했을 때가 성장할 기회'라는 것이다. 한 교무님께서는 '힘들수록 힘이 쌓인다'라고 말씀해 주셨다. 예전에는 힘든 일을 당하거나, 하기 싫고 다 놔버리고 싶은 마음, 우울한 기분이 들면 그게 몇 날 며칠 계속되기도 했다. 하지만 공부하는 방법을 알게 된 후로는 힘든 경계가 생기면 기도도 하고 헌배도 해보고 교무님들께 문답도 하고, 또 도반들을 보면서 배우기도 하고, 마음일기도 써보고 그렇게 마음을 단련시키고 훈련하면서 계속 스스로 보완하려고 노력하니 조금씩 마음의 힘이 쌓여가는 것을 느꼈다. 물론 아직도 과거의 업이나 습관으로 인해서 마음이 잘 안돌려지는 때도 있고 힘이 들 때도 있다. 하지만, 적어도 지금의 나는 꿈이 있고 노력하고 있다. 그리고 그 꿈을 함께 꾸는 도반들이 있고 선진님들이 있다. 그렇게 마음을 다시 챙기다 보면 어느새 경계가 있었던가 할 정도로 평안하고 새로운 마음으로 돌아온 나를 발견하게 되었다.

- 심화(心和) 기화(氣和)

얄미운 도반이 한 명 있었다. 나를 일부러 피하는 거 같고, 뭘 해주려고 하면 인상을 쓰고, 계속 기운이 막힌 듯한 느낌이 들었다. 또 학교에 3학년으로 편입해서 들어오니, 기존에 있던 사람들이 기존 동기들끼리만 어울리려고 하는 게 느껴졌고 그러다 보니 소외감도 느끼고 참 힘들었다. 그럴 때마다 할 수 있는 건 '당연한 일만 하자.'는 것밖에 없었다. 그래서 서로 상생의 인연이 되게 해달라고 기도하고, 서로 화합하고 포용하며 평화세상 만들어가는 주인들이 되게 해달라고 기도했다.

"엄동설한에 모든 생령이 음울한 공기 속에서 갖은 고통을 받다가 동남풍의 훈훈한 기운을 만나서 일제히 소생함과 같이… 동남풍의 감화는 한갓 설교 언설만으로 주어지는 것이 아니요, 먼저 그대들의 마음 가운데에 깊이 이 동남풍이 마련되어서 심화기화(心和氣和)하며 실천궁행하는 데에 이루어지나니라."

대종경 교의품 37장 말씀이다. 이 법문을 되새기면서 내가 먼저 심화 기화로써 좋은 기운 바른 기운을 주자 하고 내 마음을 먼저 다스리려고 노력했다. 하지만 머리로는 '심화 기화해야지.' 하면서도 당장 그 사람이 나에게 또 못되게 굴면 '저 사람이 나에게 해를 주는데 나는 저 사람에게 해를 주지 않는 것은 인과에 안 맞는 거 아닌가?' 하며 미운 마음이 나다가도, '부처는 상생상극의 업력을 벗어나 죄복을 자유로 할 수 있는 것이다' 하고 깨닫고는 미운 마음이 나려 하면 돌리고 또 돌리고 하면서 기도하고 그러다 보니 조금씩 풀어지는 게 느껴지고 그 사람을 위해 진정으로 기도하게 되었다. 이러한 계기로, 아무리 나를 미워하고 싫어하는 사람이 있더라도 '나는 그 사람에게 해를 주지 않으리라. 차가운 엄동설한의 마음도 녹여낼 수 있도록 나는 따뜻한 마음만 내자' 하고 다짐하게 되었고, 그렇게 마음을 챙기고 또 챙겨간 다면 언젠가는 차가운 마음들도 다 녹으려니 생각하고 공부와 사업에 임하고 있다.

– 나를 버리는 공부 '심신 길들이기'

나는 기계공학을 전공했다. 거기다 심리측정을 하면 보통 발명가형이나 분석, 탐구형 아니면 예술가형으로 나왔다. 진로적성에서 가장 안 맞는 직업 중 하나가 성직자였다. 그런 내가 지금 성직이라는 직업을 하고 있다는 게 얼마나 아이러니하며, 그 업장을 벗어내기 위해 얼마나 많은 고단함이 있었을지는 아마 알 만한 사람만 알 것이다.

어릴 때부터 암기를 싫어했기에 사회과목 보다는 수학이 좋았다. 왜냐면 방정식 하나만 알아도 문제를 풀 수 있기 때문이다. 달달 외워야 하는 과목들은 글자만 봐도 머리가 아팠다. 그런데 원불교 학부에 들어가니 원불교 교전을 거의 통째로 외우란다. 외우는 게 너무 싫어서 '내가 어쩌다가 여기 왔나?' 싶었다. 그럴 때면 대종사님께서 요훈품13장에 '마음에 욕심을 떼고 하고 싶은 것과 하기 싫은 것에 자유하고 보면 그것이 여의보주니라.' 라고 하신 말씀을 새기며 서원에 반조하고, 하기 싫다는 분별을 지우고자 노력했다.

'하고 싶은 것, 하기 싫은 것에 끌리지 말고 항상 당연한 일만 하자. 좋다 싫다 하는 것도 내 분별성이고 주착심이다. 마음의 자유를 얻으려면 나를 버리고 나의 습관을 버리자. 전날의 나는 버리자.' 하며 나를 버리는 공부를 하고자 노력했고 다행히 학부 1차 고시에 무사히 합격할 수 있었다. 물론 아직도 내 안의 습관과 업을 버리는 공부가 쉽지는 않지만, 분별 주착을 버리고 하고 또 하고 하다 보면 언젠가 심신을 자유할 수 있는 날이 오리라 믿는다.

- 대학원, 졸업, 그 이후

4학년 고시공부를 하느라 신경을 많이 쓴 탓인지 위가 아파왔다. 식도염이란다. 그런 상태에서 대학원에 입학하여 바쁜 일과를 지내고 바로 교당실습을 다녀오게 되었다. 위가 점점 심하게 아팠고 몸이 급격히 안 좋아졌다. 기력이 없고 손발이 저려 왔다. 잠을 자도 계속 피로했고 무기력해졌으며, 체력이 따라주지 않으니 괴로웠다. 그냥 위가 안 좋고, 기초체력이 부족하려니 생각했는데, 실습이 끝난 후 한의원에 가보니 '기허증'이라고 했다. '아! 그런 병도 있구나.' 처음 알았다. 여름방학이 되어서 보약도 먹고, 만덕산에 가서 하선도 하고 초선터에도 올랐다. 그러면서 체력이 조금씩 회복이 되었다. 다행이었다.

출가해서도 경계는 많다. 하지만 일제시대의 혹독한 시련 속에서도 묵묵히 정당한 일을 해오셨던 대종사님과 스승님들, 제자들에게 항상 희망을 품게 하시고, 마음을 살리시던 대종사님을 생각하면 현재 나의 부족함을 느끼고, 어떻게 하면 이러한 경계들을 스승님처럼 슬기롭게 헤쳐 나갈 수 있을까 고민하게 된다.

출가 이전과 지금의 삶을 비교하며 무엇이 달라졌는가 생각해보니, 우선 경계를 공부로 승화시켜 원망심을 녹여내고 감사심으로 살아갈 수 있게 된다는 것이다. 또 감정의 요동이 전보다 적어지는 것, 수많은 인연이 생긴 것, 무엇보다 타인을 위해 살아간다는 숭고한 가치와 인생의 의미가 생겼다는 것이다. 그렇기에 나는 지금 당장 죽더라도 내가 추구하는 이상을 이루기 위해 끊임없이 노력했고 최선을 다했기에 후회도 없고 죽음에 대한 미련도 없다. 나는 그렇게 살아가고 있다.

🌸 더 밝아지고 더 커지며

어떤 분재 전문가가 말했다. 꽃은 물이 부족할 때 뿌리가 자란다고. 물이 부족하면 뿌리가 물을 찾기 위해 더 깊이 뻗어 나간다. 그렇게 뿌리가 더 깊이 뻗어갈수록 줄기와 나무는 더 튼튼하게 자란다. 하지만 물이 많으면 뿌리는 금방 썩어버린다. 우리도 경계가 있고 고난이 있을 때 해결할 방법을 찾고 강구하면서 스스로 지혜가 더 밝아지고 마음의 힘이 더 커지게 된다. 큰 경계를 지내고 나면 다른 작은 경계들이 와도 그에 초연해진다. 당장 눈앞에 있는 경계나 어려움에 연연해 말고 10년 후, 30년 후, 50년 후, 영생을 보고, 나와 내 주변, 내 집, 사회와 국가만 볼 것이 아니라 우주에서 바라볼 수 있는 큰 안목을 가지며 살아간다면 좀 더 편안하고 여유로운 마음으로 인생을 살아갈 수 있지 않을까?

시간이 지날수록, 생각을 더 할수록

황원공 (원불교 대학원 대학교 1학년)

모처럼 아이들을 만났다. '아빠!'하며, 한걸음에 달려오는 첫째 선제의 모습은 벅찬 감동을 안겨준다. 아무런 사심 없이, 계산 없이 오로지 한 생각, '반가움'만을 가지고 품으로 쏙 들어와 안기는, '私 없는 기운'에 마음이 따스해진다고 할까? 뭐라 표현할 수 없는 행복한 순간 중 하나이다. 아직 둘째 선유는 큰 눈망울을 껌뻑껌뻑하며 낯설어하기도 하지만, 아이들은 그저 함께 있는 것만으로도 무한한 행복감을 안겨주고, 가장으로서 가족을 위해 어떤 것이라도 다 해주고 싶다는 마음을 샘솟게 해준다.

38살이라는 늦은 나이에 변호사를 그만두고, 100일이 채 되지 않은 아기와 떨어져 지내야 하는 예비교역자 과정을 이수해야만 하는 '출가'라는 선택에 대하여, 주변 사람들의 반응은 천차만별이었다. '원불교에 미쳤어!', '그럴 거면 결혼은 왜 했대?', '부인이 이해해 준 거야?'부터, '어떻게 그렇게 지혜로운 선택을 했어?', '그래 참 잘했어!', '좋겠다. 얼마나 좋을까'라는 부러움까지…. 2년이 지난 지금도, 내가 선택한 이 길에 대한 그들의 생각은 여전히 다양하다.

그러나 새로운 길을 걷고 있는 지금, 오랜 세월 묵어왔던 습관들과 욕심들로 인해 힘든 때가 없는 것은 아니지만, 그래도 이 길을 선택해서 얼마나 다행인지, 그 감사함은 시간이 흐를수록 더욱 커져만 간다.

반갑고 반갑습니다

나는 이름을 2개 사용하고 있다. 주민등록증에 기재된 황선민이란 이름과 함께, '황원공'이란 법명을 함께 사용한다. 원불교에 입교하면 법명을 받아 속명과 함께 사용한다. 법명에는 여러 의미가 있지만, '공(公)적인 새 이름을 통하여, 본래 참 나란 존재가 공적인 존재임을 새기고, 사(私)를 넘어 공(空)한 마음으로 공(公)적으로 사는 것이 사람으로서 밟아야 할 마땅한 길'이라는 점을 항상 잊지 않도록 해주는 의미로 새기고 있다. 참고로 속명인 선민(善民)은 '착한 백성'이란 뜻이고, 원공(圓空)은 '둥글 원'에 '빌 공'으로, '없다고 할 것도 없는데, 그러면서도 원만구족하고 지공무사한 우리들의 본래 마음 속성'을 의미한다.

교육자이신 아버지와 전업주부로서 가정을 돌보신 어머니의 지중한 은혜 속에 2남 1녀 중 막내로 자라난 나는, 대전에서 중앙고등학교를 졸업하고, 서울대학교를 거쳐, 고려대학교 법학전문대학원을 마치고, 변호사로서 활동하다가 원기103년(2018년)에 출가하였다. 현재는 많은 분들의 은혜 속에 전남 영광에 있는 영산선학대학교를 무사히 마치고, 중앙총부에 있는 원불교대학원대학교에 다니고 있다.

먼저 바쁘신 가운데 귀중한 시간을 내어, 이 글을 읽어주시는 분들의 은혜에 감사의 마음을 전하고 싶다. 고맙고 고맙습니다, 반갑고 반갑습니다.

영산성지에서의 생활 - '수행처이자 안식처'

처음 영산에 올 때는 두려움이 있었다. 건강이 좋은 편이 아니었고, 아침 좌선부터 20대 초반의 친구들(참고로 나는 대학교 99학번이고, 학교에는 99년생 전후의 학생들도 많다.)과 함께 하는 단체생활을 잘 할 수 있을까 하는 걱정이 있었다. 그런데 막상 와보니, 영산에서의 생활은 참 좋았다. 고민할 시간에 하루라도 빨리 올 걸 그랬다는 아쉬움이 클 정도로 걱정과 고민들은 기우에 불과했다. 지난 2년간의 예비교무생활을 표현하라면, '그저 좋다, 시간이 지날수록 더욱 좋다. 한 분이라도 이 행복을 더 많이 누리면 좋겠다.'로 요약된다.

영산성지는, 문 앞을 나서면, 구인선진님께서 혈성으로 이룩하신 '정관평'과 대종사님께서 간절한 구도심으로 오르내리셨던 '옥녀봉'이 펼쳐져 있고, 조금만 걸어가면 대각하신 '대각지'이고, 뒷산이 정산종사님께서 기도하신 '중앙봉'이니, 좋을 수밖에 없다. 거기에 한평생 공심으로 살아오신 스승님들과 가족 같은(사실 가족 같다는 표현은 부족하다. 그냥 가족이다.) 도반들이 서로서로 따스한 기운과 자비 방편으로 보살펴주기에 완벽한 수행처라 할 수 있다. 이곳은 오로지 오롯하게 마음을 살펴보고 돌려보고 놓아보며 본래 비어 있는 성품, 참 마음을 회복할 수 있도록 모든 공력이 쏟아진다.

나는 이러한 엄청난 은혜 속에서 '행복한 삶'을 느끼며 알아가고 있다. '순간순간 처해진 형편과 상황에 맞게, 거짓 없는 마음으로 진실되게, 할 수 있는 것들을 욕심 없이 묵묵하게 임하며, 그 결과를 대조하되, 결과에 집착하지는 않는', '감사함에 근원한 분발심', '적절한 긴장과 편안함의 조화'라고 할까?, 비유가 적절한지 조심스럽지만 '내 몸과 마음에 맞추어 편하게 걷는 법'을 알게 되었다.

그동안 나는 '경쟁'과 '효율성'에 길들어져, 남들의 속도와 비교하며 경쟁하거나, 목적지 도달에만 매몰되어 주변과 나를 살펴보지 못했다. 그러다 보니 늘 쫓기듯이 무엇인가를 해야만 했다. 그랬던 내가 처음으로 편안하면서도 나태하지 않고 소홀함이 없는, 주변을 살피면서도 끌려다니지 않는 담담한 맛을 알아가고 있다. 그래서 출가생활은 나에게 가장 큰 수행처이자, 동시에 가장 편안한 안식처이다.

영산에서의 생활이 좋을수록, 문득문득, 청년회에서 함께 공부했던 도반들이 떠오르기도 했다. 특히 출가에 대하여 고민하다가, 여러 사정으로 재가로 지내기로 했던 도반들이 떠오르면, 함께 오지 못한 미안함과 아쉬움에 눈물이 흐르기도 할 정도로 그만큼 이곳의 생활은 내가 소중한 사람들에게 주고 싶은 선물 중 단연 첫 번째이다. 이 글을 읽고 계신 분 중에 혹시라도 고민하시는 분이 있다면, 저는 강력하게 추천드립니다. 일단 와보세요. 와서 경험해보면 알게 될 것입니다. 그리고 혹시라도 시기를 놓치신 교도님들은 기간제 전무출신제도 등을 활용하여 이 행복을 함께 누리시면 좋겠습니다. 원불교를 잘 모르시는 분들도 이곳에 오시면 엄마 품처럼 따스한 기운을 느끼실 수 있답니다. 덤으로 영광백수해안도로에서 바라보는 노을도 멋지니, 오가시는 길에라도 인연이 닿으시면 좋겠습니다.

출가했다고 해서, '배우는 교법'이나 '지켜야 하는 계문'등 훈련법이 재가교도가 하는 그것과 달라지는 것은 아니다. 그러나 정기훈련기간이 길어진다. 청년회 활동시절, 짧게는 2, 3일 남짓 혹은 1주일 기간으로 실시되는 정기훈련은, 1년 동안 모든 정기훈련을 최대한 참석한다 하더라도 정기훈련기간으로 한 달 이상을 보내기 쉽지 않다. 그러나 출가를 하면, 적어도 8개월 이상을 정기로 훈련할 수 있다. 훈련에 있어 정기와 상시가 따로 있는 것은 아니지만, 기본기를 쌓을 때, 묵은 습관을 바꿀 때는, 온 힘을 집중할 수 있는 기간을 갖는 것이 효율적이다.

엄청나게 쏟아지는 타력들 속에서 훈련을 나다 보면, 자연스럽게 마음 사용하는 법이 진급할 수밖에 없다. 수많은 소득 중에 인상 깊은 선물을 꼽으라면, 주변을 평가하며 우열을 나누었던 습성을 놓고, 모두가 은혜로서 감사한 존재라는 점을 알게 된 것이다. 사람마다 지문이 다르듯이, 각자 공들여온 부분이 다르고, 이러한 다름에서 비롯되는 다양성이 곧 은혜임을 깨닫게 되면서, 내 자신을 보는 눈과 주변을 보는 시선이 감사로 채워졌고, 특정 분야의 우위(강자, 약자)만으로 전체의 우열을 논하지 않게 되었다. 오히려 누군가의 약한 모습을 보면, 그 사람은 반드시 다른 부분에서 강한 모습이 있겠다는 생각을 하게 되었다.

'다름'을 받아들이면서, 내 자신을 볼 때도 못하는 분야(익숙하지 않은 것)가 있음을 수용하게 되었다. 그러다 보니 도움이 필요할 때 편하게 도움을 요청하고, '무조건 해내야 한다.'는 강박관념을 벗어나, '내가 할 수 있는 만큼만 하자＝못하는 건 못하는 것'으로 먼저 수용하자'로 바뀌었다. '나의 정도에 맞게 순서를 잡아 태연히 행하는 것' 이것이 '나태'가 아니라 '안분'임을 배운 것이다. 그리고 아이러니하게도 현재의 내 몸과 마음을 있는 그대로 받아들일 때, 그것이 전진 할 수 있는 힘이 된다는 것을 알게 되었다. 그리고 그 힘은 감사함을 많이 느낄수록 더욱 빛을 발한다.

ᨾ, 출가하게 된 인연_정말 감사하고 감사합니다

원불교 입문은, 안암교당 초대법회를 통해서이다. 당시 초대법회에서 60대 이상 어르신들께서 '개그콘서트 봉숭아 학당 코너를 패러디한 공연'을 해주셨는데, 연배가 높으심에도 불구하고, 대중들, 특히 처음 보는 사람들 앞에서 해맑게, 망가지면서 즐겁게 공연하신 모습을 보면서, '이런 공간이라면 나도 함께하면 좋겠다'라는 생각을 하였다. 그리고 근엄하신 모습으로 멋지게 설법을 하셨던 교무님께서, 법회가 끝나자 청년들과 아무런 격의 없이 장난치는 살가운 모습이 인상 깊어, 원불교에 대한 호감을 가지게 되었다.

어찌 다행 출가를 하게 된 것인지, 지금도 어리둥절하고, 이생의 인연만은 아닌 것도 같아서 뭐라고 표현해야 할지 잘 모르겠다. '출가'라는 행복을 누리게 도와주신 수많은 인연들을 어떻게 표현해야 할지 조금은 막막하지만, 아래와 같은 타력 없이는 혼자 힘으로는 불가능했을 것만은 분명하다.

- 기본 바탕을 마련해주신 수많은 인연들의 지중한 은혜

먼저 대종사님과 재가출가 선진님께서 펼쳐주신 원불교 회상과 교법의 은혜가 가장 근원일 것이다. 그리고 이를 오롯하게 전해주시고 기운으로 밀어주신 여러 스승님들(보산 김제원 교무님, 전성욱 교무님을 비롯한 안암교당 교무님들, 그리고 어찌 다행 인연이 되었던 열반하신 고 서산종사님과, 승산종사님, 농타원님, 전산종사님, 농산님 등)과 어느 때든지 늘 따스한 기운을 나누고 힘을 북돋아 주시는 수많은 안암교당 도반들(교당을 건립해주신 고 학산님과, 준산님, 심산님, 월산님, 범산님, 주산님, 유타원님, 간타원님, 목타원님, 공타원님, 연타원님, 우리 소중한 삼성 단장님, 청년시절부터 옆에서 끌어주신 이현도, 강성조, 이제선 교우님 등 수많은 도반들 −전부 열거하기에는 지면이 모자랄 듯)의 크신 타력 속에 조금씩, 조금씩 진급하여 출가라는 마음이 나게 된 것 같다. 소중한 이 몸을 세상에 있게 해주신 부모님, 지식과 더불어 인성까지도 지도해주신 수많은 은사님 어느 한 분도 빼놓을 수 없이 큰 은혜를 주셨다. 정말로 감사하고 감사합니다.

- 교무님의 지도 은혜

고등학교와 대학교 그리고 대학원까지, 여러 은사님께 큰 가르침을 받았던 나는 그 믿음이 자연스럽게 교무님께로 이어질 수 있었던 것 같다. 그래서 당시 소속교당 주임 교무이셨던 보산 김제원 교무님께서는 정말 세밀하게 지도해주셨다. 지금 생각해 보면 교법은 물론이고, 건강, 대학원, 직장, 연애까지 정말 많은 부분을 지도해주셨다.

그중에서 가장 큰 영향을 미친 것은, '교당 인근에 거주하면 좋겠다'라

는 지도였다. 교당 인근에 거주하면, 법회에 빠지는 일이 적어지고, 잘하든 못하든 아침 좌선을 챙기려 마음 쓰게 되고, 힘든 경계마다 교무님의 지도 받기가 수월하고 또한 스승님들의 따스한 기운을 많이, 그리고 자주 받을 수 있다. 연애 및 결혼할 때도, 교무님께서 지도를 해주셨는데, 당시에는 그 가치를 몰랐는데 5년이 지난 지금 돌이켜보니, 정말 정말 탁월한 혜안이라 참 감사할 뿐이다.

약한 몸으로 유일하게 1,000배를 했던 때도, 교무님의 지도와 도반들의 함께하는 헌배수행의 밤에서 처음이었던 것 같다. 이외에도 교무님께서는 '사경노트, 마음일기 노트 작업과 중앙과 단장' 등 여러 활동을 통해, 과거에 미처 짓지 못했던 복을 효율적으로 짓게 하여 주시기도 하였고, 다양한 주제(감사 생활, 정산종사님 선진열전, 참회문 등)에 대한 강연과 훈련을 통하여 이 법에 대한 공부심을 키울 수 있도록 이끌어 주셨다.

- '사실적 도덕의 훈련'의 위력

'7일간의 출가여행'도 원불교를 만나서 처음 접해 보았다. 원기 94년 (2009년) 제2회 7일간의 출가여행 훈련을 나면서 '정(情)을 넘어 본격적으로 이 법을 공부해야겠다'는 다짐을 하게 되었고, 이후 교무님의 지도 속에 처음 '이 법의 맛'을 보았을 때, 참 나가 무엇인가를 살짝 알게 되었을 때 기운차고 신났다. '원불교 전서(성경과 불경도 마찬가지입니다)에 적혀있는 내용들이 호리도 틀림없는 사실이었구나! 자칫 거짓 나를 위해 살다가 허망하게 죽었겠구나. 이런 큰 행복과 은혜를 모른 채, 작은 행복만을 알고 살아갈 뻔 했구나'라는 감상이 있었다.

나아가 '이렇게 행복하고 좋은 법을 함께 나누고 싶다. 이런 기쁨과 행복의 맛이 있었는데, 나도 알게 되었으니, 그 누구라도 다 이 법의 맛을 볼 수 있겠구나.'라는 기쁨과 '다들 나보다 훌륭한 분들이시니 역량들은 충분하고, 다만 마음의 방향을 조금만 돌리면 되는 건데…'라는 아쉬움에 원불교 법을 주변에 많이 권했던 때도 있었다. 그러다 제풀에 지쳐 주저앉기도 했다. 당시 교무님께서는 안으로 더욱 속 깊은 공부를 하길 바라셨는데, 제가 그 지도를 받들지 못했다. 이후 수많은 타력의 은혜 덕분에 다시 제자리로 돌아와, 실천의 중요성을 느끼고, 머리로 알고 있었던 것들을 실천으로 옮길 수 있도록 법회출석과 훈련을 챙기고 있다.

출가를 선택한 이유

- 어떻게 살아갈 것인가?

돌이켜보면, 이 법을 만나기 전에는 특별한 경우에만 감사하고 행복했던 것 같다. 그러다 보니, 늘 비교하는 마음, 상대 짓는 마음으로, '보다 나은 것'을 좇았다. 내가 지금 누리고 있는 것들은 당연한 것이고, '성적을 남보다 우수하게 받는 것, 좋은 학교에 입학하는 것, 장학금을 받은 것' 등 이전보다 혹은 주변 사람들에 비하여 나아진 것이 있어야 행복했으며, 반대의 경우에는 그만큼 괴롭기만 했다.

그러다가 '특별한 선물을 받을 때도 좋고, 내가 주는 때도 좋은 단계'로 바뀌었다. 이때에는 받는 행복에 더해 주는 행복까지 누리니, 이전보다 행복이 2배로 커졌으나, 내가 많이 줬던 상대(주로 가까운 인연)로부터 기대했던 만큼 받지 못하면, 3~4배의 깊은 배신감으로 돌아왔다. 무언가를 기대하는 조건부의 주고받음은 시간이 지날수록 '상대가 안줄지 모르니, 나도 안주어야지, 내가 나를 보호해야지'란 상처와 두려움으로, 결국 '믿을 건 내 가족밖에 없지'란 작은 생각으로 이어지게 되었다.

지금은 나란 집착 혹은 상을 조금은 내려놓은 상태이다. 위에서도 보면 '내가 줬던… 내가 기대했던' 등 '나'란 생각으로 가득 차 있다. 그런데 '본래 하나인 참나'를 알게 되면, 나란 생각이 놓아지고, 그동안 내 입장에서 보던 것들이, 있는 그대로 보여지고, 그동안 보이지 않았던 상대의 마음도 더 잘 알 수 있게 된다. 또한, 그동안 당연한 것들로 여겼던 것들이 하나씩 하나씩 감사의 대상으로 바뀌고, '순간순간의 모든 것들이 엄청난 선물이고 은혜이니, 어서어서 보은해야겠구나!'라는 마음으로 이어진다. 은혜를 많이 느낄수록 감사함이 깊어지고, 더욱 행복해지며, 보은하지 아니할 수 없게 되기에 동기부여가 더욱 강해지면서 즐겁게 열심히 살아가는 행복을 누리고 있다.

– 스스로를 속이는 자기 합리화의 무서움

출가 직전에 누리고 있던 생활은 참 좋았다. 변호사로서 좋은 곳에서 일도 잘 배웠고, 개업 후에는 다행스럽게도 찾아주시는 분들의 은혜로 사건 수임도 하나씩 늘면서, 조금씩 자리도 잡아가고 있었다. 변호사라는 직업은 자신의 선택에 따라 시간 조절이 조금은 가능하고,

사회에서도 대우도 살짝 해주는 편이다. 일은 스트레스가 있고 무게감이 있었지만 그래도 보람이 있고, 집에 오면 토끼 같은 아기 부처님 선제(禪濟)와 곰 같은 아내도 있고, 양가 부모님께서 모두 살아계시기까지 하시니 이렇게 행복한 때가 언제 또 있을까 싶을 정도로 좋았다. 게다가 자력이 조금씩 생길수록 주변에 보은도 할 수 있으니 그 재미도 참 좋았다. 그런데 한편으로는 이러다 욕심에 휩쓸려 가는 것은 아닐지, 순경 속에 녹아버리는 것이 아닐지 두려웠다. 유형의 물질문명이 끌어당기는 힘은 온전한 정신 기운이 갖추어지기 전까지 엄청난 것 같았다.

게다가 끊임없이 속삭이는 자기 합리화도 무서웠다. 일례로 어느덧 영산으로 갈 날짜가 며칠 남지 않은 어느 날 문득, 마음 한편에선 1년만 더 있다 갈까? 하는 합리화가 툭 나왔다. "1년 정도 더 변호사로서 활동하면 빚도 갚을 수 있고, 변호사로서 기본기도 갖추어질 텐데, 가

정생활도 1년 정도 더 있으면 아내의 휴직 일정과 조율해서 선제를 잘 기를 수도 있고, 부모님 정정하게 돌아다니실 수 있는 시간도 많지 않은데 1년 만이라도 효도를 더 하면 좋을 것 같았다. 그리고 체력도 저질인데다가 간사생활도 하지 않아 걱정인데, 1년 동안 오전에는 교당에서 간사 생활하고 오후에는 변호사로서 활동하고 저녁에는 가정에 충실하면 괜찮을 거 같았다. 잘 준비해서 내년에 학교로 간다고 해서 뭐가 크게 늦어질까? 어차피 늦어진 거 1년 더 늦어지는 게 큰 문제일까? 등등 수많은 합리화가 하룻밤 사이에 나왔다. 재밌는 것은 나는 이미 5~6년 전에 이미 출가 서원을 했었다는 점이다. 당시 교무님께서 안 된다고 하셨을 때 엄청나게 서러워했을 정도로 출가를 염원했었던 나인데, 그토록 염원했던 기회가 왔음에도 불구하고, 위와 같은 생각들을 나는 것을 보면서, 내 마음이 얼마나 간사한지 느낄 수 있었다.

 이 법을 만나고 10년 정도 지나고 보니 '스승님의 지도를 오롯이 받들었을 때'와 '자신을 과신하고 자행자지했을 때'의 차이가 너무도 극명하였다는 점을 알 수 있었고, 시간이 흐를수록 더 절절하게 지도의 은혜를 깨달을 수 있었다. '법회출석을 10년간 무결석 했더라면, 출가 여행 등 훈련을 보다 더 적극적으로 났더라면 얼마나 좋았을까, 내 개성, 나만의 사정이라는 핑계와 상들을 내려놓고 빈 마음으로 그리고 간절한 마음으로 스승님께서 마련해주신 길을 한 걸음 한 걸음 걸었더라면 얼마나 좋았을까?' 하는 아쉬움이 컸고, 그래서 그 아쉬움만큼 앞으로는 어떤 상황에서도 지도를 받들고자 다짐을 하였던 터라, 위에서 말씀드린 1년 유예와 같은 생각이 들었을 때도 곧바로 교무님께 말씀드리고 지도를 받았다.

당시 교무님께서는 '1년 미루기엔 진도가 너무 나갔어.'라고 지도해 주셨다. 그 말씀에 많은 의미가 있겠지만, '1년을 미루려는 그 마음에 지면 내년에도 또 미루고 싶을 것이고, 내년의 상황은 올해보다 출가 하기가 더 어려울 것이며, 너는 지금 순경의 욕심에 끌려서 속고 있다.'가 아닐까 싶다. 다행히 교무님의 지도 은혜로, '아, 이러한 생각들이 내가 나한테 속는 거구나!' 하고 알아챌 수 있었다.

- 돈에 끌려갈 수밖에 없는 세상의 구조

재가교도로서 삶을 조금 살아보니 만만치가 않았다. 변호사란 직업 특성상 다른 이들의 삶의 중요한 선택에 결부되어 그들과 같은 배를 타게 된다. 그 부담감만큼 사건을 수임할 때 그 액수가 높을 때가 있다. 액수가 높을수록, 물질이 끌어당기는 힘이 보통이 아니었다. 누군가 '돈이 마약'이라더니, 참 무서운 힘이 있다는 것을 느낄 수 있었고, 무형의 정신 기운을 제대로 갖추지 못하면 물질세력 돈의 힘에 끌려갈 수밖에 없지 싶었다. 주변의 환경을 뚫으면서 공부를 한다는 것이 한정된 에너지를 분산할 수밖에 없다는 것도 알게 되었다. 성품이 같다 하더라도 힘이 갖추어지기까지 환경이 미치는 힘이 크기 때문에, 짧은 인생의 한정된 에너지를 가장 효율적으로 사용하는 길은 출가라는 생각을 했다. 인생을 행복하게 사는 방법인 교법을 확실하게 공부하고 훈련하여 이 법의 체를 잡은 다음, 자리이타로 활용하며 사는 것이 좋겠다는 생각을 하였다.

- 적당한 삶, 중근기의 무서움_순경에 녹지 말자

최근에 누리던 행복들이, 내가 교법 공부를 잘해서가 아니라, 중근기에서 오는 달콤한 경계일지도 모른다는 생각이 들었다. '확실하게 아는 것도 아니고, 그렇다고 아주 모르는 것도 아닌, 큰 업을 짓지는 않지만, 현재가 만족스럽기에 큰 원을 세우지 않거나 혹은 간절하지 않은 적당한 삶.' 인과 이치상, 누리고 있는 행복들은 아마 지난 시간 쌓은 복의 결과물일 것이다. 이 법을 만난 지 10년쯤 되니, 그 사이 교법을 만나 지은 복들로 조금 더 나은 여건이 된 것이다.

그런데 이 좋은 기회에 정신 차려 속 깊은 공부를 하여 다시금 한 계단을 넘지 않고, 적당히 복 지으면서 쌓아놓은 복을 누리면, 마치 수레바퀴 돌 듯 어느 시점에 업력이 밀려오면 다시 강급하거나 겨우 현상 유지하는 모습으로 영생을 반복할 수도 있겠다는 생각이 들었고, 그러니 더욱 출가를 해야겠다는 생각으로 이어졌다.

- 아기 부처님 선제와 가족에게 주고 싶은 것

출가를 하게 되면 최소 4년간 영산성지와 익산성지에서 기숙사 생활을 하게 된다. 가장으로서 아내와 자녀에 대한 미안함은 여러 생각으로 이어졌다. 특히 원기 103년(2018년) 1월경 한 도반이 가족과 시간을 함께 하는 것이 가장 큰 행복인 것 같다고 하면서 '가족과 함께 하는 시간이 너무도 소중하기에 직장을 바꾸고 싶다'는 말을 한 적이 있다. 당시 나는 주변에 말하지 않고 비밀스럽게 출가를 준비하고 있었는데, 그분의 말을 듣고 집에 와서 100일이 채 되지 않은 첫째를 안고 이런저런 생각을 하게 되었다. '선제도 아빠와 같이 있고 싶을 텐데…' 아내도 마음에 걸렸지만, 아기가 걸리는 마음이 없을 수가 없었다. '내가 이기적인 건가, 나중에 후회하지는 않을까' 등등 여러 가지 생각을 하다가, 문득, '만남 속에 헤어짐이 있을 수밖에 없는 것인데, 그렇다면 어느 시점이든 선제와의 헤어짐은 피할 수 없을 것이고, 만약 나에게 선택권이 있다면 내가 선제보다 먼저 가야 할 텐데, 선제에게 무엇을 주고 가면 좋을까, 무엇을 건네주고 가면 헤어짐의 순간에 불안하지 않고 안심하고 갈 수 있을까'를 곰곰이 생각해보았다. '돈, 학별, 건강' 다양한 생각들이 스쳐 지나갔지만, 그중에서 딱 하나만 주고 갈 수 있다면 무엇일까? 내가 내린 답은 '이 법'이었다. 왜냐면 내가 이 법을 만나서 주변 사람들에 대한 소중함이 더욱 깊어졌고, 더 열심히 살게 되었고, 더 많이 편안해졌고, 함께 웃고, 함께 울며 더 많이 행복해졌기 때문이다. 그러니 법을 더 잘 건네기 위해서라도 '이 법 공부를 열심히 해야겠구나'라고 마음을 잡았다.

마무리하며

얼마 전 '정글의 법칙 - 남극편'을 보니, 남극 곳곳에는 빙하가 갈라진 틈인 '크레바스(crevasse)'가 있고, 만약 그곳으로 발을 잘못 디디면, 수십 미터에서 수백 미터까지 추락할 수 있다고 했다. 다행히 눈에 보이는 크레바스는 피해서 돌아갈 수 있으나, 눈으로 덮여 있으면, 그 것이 길인지 크레바스인지 육안으로는 알 수가 없다고 했다.

혹자는 인생살이를 등산에 비유하기도 하지만 나는 '사막길 또는 혹은 눈 덮인 대륙, 크레바스가 어디 있는지 알 수 없는 길을 걷는 것'과 닮았다고 생각한다. 왜냐면 등산은 그 목적지가 분명하고, 전체 여정 중에 내가 어디쯤 왔는지, 목적지까지 얼마나 남았는지 가늠 잡을 수가 있다. 그런데 내가 겪어 본 인생은 무엇을 향해서 살고 있는지 분명하지 않고, 지금 내가 올라가고 있는지 내려가고 있는지, 지금 걷고 있는 곳이 길인지조차 알 수 없어 한 발자국 내딛는 게 무서울 때도 있었던 것 같다.

그런데 이런 불확실한 인생길에 스승님이란 존재는, 눈 덮인 길에 새겨있는 발자국과도 같다는 생각을 하였다. 어디로 가야 할지, 그 길이 안전한지조차 알 수 없는 수많은 선택 속에, 적어도 크레바스는 아니라는 점을 확인시켜주는 안내자 같은 존재라고 할까? 스승님들 있어 길을 찾을 수 있어 너무도 감사하다.

이 법(저에게는 이 법이지만 크게 보면 종교이겠지요)이 아니었더라면, 제가 어떻게 살았을지 생각해보면, '이 법을 만나 참 다행이다.'란 생각에 감사함이 사무쳐온다. 오늘도 법회를 보면서, '이 법을 만나지 않았더라면 어떠했을까?'란 생각이 스쳐 지나면서 이 법을 만난 감사함과 행복감에 눈물이 났다.

원불교 2대 종법사이자 우리 회상의 법모이신 정산종사님의 법문을 함께 나누고 싶다.

"스승님이 아니시면 부유(蜉蝣)같은 이 중생으로서 어찌 영원한 생명을 찾을 수 있었사오며, 스승님이 아니시면 주객을 구분하지 못하던 이 우자로서 어찌 죄복의 근원을 알 수 있었사오며, 스승님이 아니시면 유혹이 많은 이 세간에서 어찌 정당한 인도를 깨칠 수 있었사오며, 스승님이 아니시면 끝없는 이 미륜(迷淪)에서 어찌 성불의 길을 감히 바랄 수 있었사오리까."

출가 인연을 계기로 확실하게 알아, 경계를 잘 부려 쓸 수 있는 역량을 갖추고자 한다. 진급하고 싶다고 서원을 세우니 경계가 점점 많아지는 것 같기도 하다. 아마도 그런 게 이치가 아닐까 싶다. '할 수 있을까'란 두려움도 내려놓고, '해야 한다'는 의무감도 아닌, '하고 싶다'는 간절함으로 순간순간 깨어있길 염원해본다.

정말 정말 감사합니다. 날마다 좋은 날 되소서!!!

나 여기 무엇 하러 왔는가?

설영우 (원불교 대학원 대학교 1학년)

나는 1987년 서울에서 태어났다. 조부모님과 부모님 그리고 두 살 아래 남동생이 한 가족이다. 2014년(원기 99년) 8월까지 서울에서 직장생활을 하다가 전무 출신을 서원, 2년 가까이 좌산상사님이 계시는 상사원에서 간사근무를 하고, 전남 영광에 있는 영산선학대학교에 2학년으로 편입하여 3년간의 학부 생활을 마쳤다. 현재는 원불교대학원대학교 1학년이다.

원불교와의 인연

나의 외증조할머니는 불교 신자셨고, 외할머니는 기독교 신자셨다. 한 집안 고부간 종교가 다르면 갈등이 있을 법도 한데, 외증조할머니와 외할머니는 그런 것이 없었다고 한다. 오히려 어머니가 초등학생이었을 무렵 전라도에 살던 집이 서울로 이사 가서 외증조할머니께서

어느 절에 다닐까 고민하고 있을 때, 먼저 '답십리교당'을 권한 것도 외할머니였다. 어머니는 중학생 시절 친구를 따라서 교회에 다녔고, 외할머니도 아직 교당을 다니지는 않았기 때문에 당시에는 외증조할머니 홀로 교당을 나가셨다고 한다. 중간에서 이를 보다 못한 외할머니께서 '한 집안에 두 종교는 나올 수 없다.'시며 어머니가 교회에서 돌아올 때마다 크게 혼내셨다고 한다. 어머니는 그래도 아랑곳하지 않고 교회를 다니셨다. 그러던 중 고2 때 아버지(나에겐 외할아버지)가 돌아가시며 답십리교당에서 천도재를 지내게 되면서 원불교라는 종교에 관심이 생겼다고 한다. 교당에만 가면 묘하게 마음이 더욱 편안해지는 것을 느껴 자연히 기독교에서 원불교로 개종을 하게 되었다.

아버지는 삼 형제 중 장남인데 사실 원불교라는 종교가 있는 줄도 모르셨다고 한다. 군 복무 시절에 잠시 휴가를 받아 집에 왔는데 '둘째가 언제부턴가 일주일에 몇 번씩 어디를 갔다 오고, 갔다 오면 이상한 책을 읽고 있다. 이상한 곳인지 아닌지 네가 한번 살펴봐라.'하시는 할머니의 걱정 어린 말씀에 둘째 동생이 보는 책을 몰래 읽어보았다. 그런데 그 책에 좋은 말씀들이 많아서 계속 읽게 되었다고 한다. 그 글이 <대종경(大宗經)>이고 대종사님의 언행록이었다는 것을 뒤늦게 교당에 다니면서 알게 되었다고 한다. 아버지는 좋은 말씀이 많이 있어 호기심이 생겼으나 한편으로는 둘째 동생이 다니는 곳이 괜찮은 곳인지 사이비인지 걱정이 되었고, 직접 두 눈으로 확인해야겠다며 답십리교당에 나가 보았다. 휴가 중에 잠시 나와서 군복을 입고 갔었는데 같은 또래 청년들이 무척 반가워하고 다정하게 대해 주어서 '이상한 곳은 아니구나' 안심하며 아버지도 다녀봐야겠다는 마음을 먹었다고 한다. 아버지는 나중에 군대를 제대한 후에 복학하고 답십리교당 청년회장을 맡았다. 그리고 부회장인 한 교우와 활동을 하면서 그 교우에게 관심을 가진 것이 사랑으로 발전하였고, 결국 두 분은 결혼까지 하게 된다. 교당에서 나의 어머니를 만나게 된 것이다.

이런 어머니와 아버지의 인연으로 내가 이 세상에 태어났다. 태어나자마자 법명을 '인성(仁成)'으로 받았다. 나와 원불교와의 인연이 태중부터 계속되었으니 정법 회상과 인연을 맺어주신 가족들의 은혜를 어찌 다 갚을 수 있을까?

어린 시절

어린 시절의 나는 활발하고 튼튼한 편이라 운동장에서 놀이터에서 뛰어노는 것을 좋아했다. 매일 매일 옷에 흙을 묻히고 머리는 산발이 되어서 집으로 돌아가기 일쑤였다. 그리고 뭐가 그리도 바쁜지 가만히 있지 않고 항상 무언가를 찾아서 했다고 한다. 호기심도 많아서 'TV 속에 야쿠르트를 쏟으면 어떻게 될까?' 생각하며 실제로 TV에 올라가 야쿠르트를 부어버려서 TV를 망가뜨렸던 기억이 난다. 힘도 제법 세서 나를 괴롭히는 남자아이가 있으면 힘으로 제압하기도 했다. 때로는 장난치며 놀다가 교당 거울을 산산조각 내는 등 크고 작은 사고를 치는 날도 많았다. 그런 날은 교무님께 혼나고, 집에 가서도 혼나며 다신 안 그러겠다며 싹싹 빌었다. 한마디로 엄청난 개구쟁이였다.

7살이 되면서 본격적으로 어머니의 손을 잡고 전농교당(구 답십리교당)에 다니게 되었다. 일요일마다 만나는 또래 친구들과 함께 교무님의 설교를 듣고, '산신님은 아실 거야~' 어린이 성가를 목청껏 부르던 기억, 교무님께서 직접 끓여주신 라면을 후후 불어가며 맛있게 먹었던 기억, 대각개교절 때 어린이회도 재롱을 보여준다고 핑클의 '영원한 사랑'을 연습해서 함께 춤을 췄던 기억 등 즐거웠던 그 시절이 지금도 가끔 떠오른다. 그때는 뭐가 그리 재미있었는지 부모님은 법회 끝나고 집에 가셔도 우리는 끝까지 교당에 남아서 놀고 해질녘에 집에 들어왔다. 매주 교당에 나가는 것이 집에 가는 것처럼 당연한 일이었다. 교당이 나에겐 집이나 마찬가지였다.

만남. 보산 김제원 교무님!

개구쟁이인 나도 중학생이 되면서는 제법 얌전해졌다. 중1이 되면서 나는 '왜 교당에 다녀야 하지?'라는 의문이 생겼다. 내 주변의 친구들이나 어른들은 일반적으로 '좋은 집, 좋은 차, 좋은 직장, 좋은 배우자를 얻어서 남부럽지 않게 사는 것'을 큰 가치로 생각하고 있는데 나도 그렇게 살아야 하는 것 아닌가? 그럼 굳이 교당을 다닐 필요가 있을까? 하는 생각을 한 것이다. 그런데 그런 와중에도 '나는 왜 사는가? 어떻게 사는 것이 잘사는 것인가? 죽으면 어디로 가는가?' 하는 궁금증이 가시지 않았다. 가치관에 혼란이 오기 시작했다.

그리고 이 시기에 4년간 지도해주셨던 이정식 교무님은 다른 곳으로 발령이 나게 되었고, 새로운 보좌 교무로 김제원 교무님(현 교화 부원장)께서 오셨다. 나는 그전 교무님과의 정을 끊지 못해서인지 김제원 교무님께 마음을 열기가 쉽지 않았다. 교무님이 새롭게 바뀔 때마다 교도들이 적응하기가 쉽지 않은데, 나 역시 그랬다. 그렇게 자연히 교당과 멀어지게 되고 2년정도 교당에 다니는 둥 마는 둥 하다 보니 어느덧 중3이 되었다. 나의 반항기를 보다 못한 어머니의 한 마디.

"지금 교당에 계시는 김제원 교무님, 정말 괜찮은 분이시더라. 다시 교당에 나가 보자."

어머니께서 '~가 괜찮으니 해보자!'고 강하게 권하는 것이 아주 드문 일이었기 때문에 나는 그것이 신기하기도 하고, '그 교무님이 도대체 어떤 분이시길래?' 하는 호기심이 생겼다. 나는 다시 한번 교당에 나가봐야겠다고 마음먹었다. 그리고 바로 그 주 토요일 학생법회에 나갔다. 별 생각없이 나갔는데 학생 법회의 분위기는 어린이 법회 때와는 다르게 사뭇 진지했다. 5~6명 정도, 많은 인원은 아니었지만, 교무님의 설교를 듣는 학생들의 눈빛이 반짝반짝 빛나고 있었다. 마침 그날은 교무님께서 당신의 출가 감상담을 해주셨다. 모든 말씀이 다 기억나진 않지만 대종사님께서 펴놓으신 이 법에 대한 굳은 신념과 성불제중 제생의세를 위해 이 한 몸 다 바치겠다는 교무님의 그 열정 어린 한마디 한마디에 나는 그 뜻이 미처 무엇인지도 모르면서도 전율이 일었다. 그리고 궁금해졌다. '도대체 이 법이 무엇이길래 저렇게 한 사람의 인생을, 아니 영생을 송두리째 바칠만한 가치가 있다는 것인가?' 너무도 궁금해서 그날 이후로 하루도 빠지지 않고 매주 토요일이면 학생 법회에 참석했다. 어느새 교당을 바라보는 나의 시각도 마냥 편안하기만 한 집 같은 공간에서, 내 인생을 걸만한 무언가를 발견할 수 있는 공간으로 달라져 있었다.

🌸 초발심

하루는 법회 시간에 교무님께서 칠판에 '무선무악 능선능악(無善無惡能善能惡)'을 한자로 적으셨다. 그리고는 '이 세상에 착하기만 한 사람은 없고 악하기만 한 사람도 없다. 나의 본래 성품 자리는 선할 것도, 악할 것도 없는데 한마음 일어나는 것에 따라서 능히 선할 수도 악할 수도 있다.'라고 말씀하셨다. 그 말씀을 들으며 내 마음이 자유로워짐을 느꼈다. 나도 내가 누구인지 깨닫게 되면, 선악에 구애 없는 참으로 자유로운 사람이 될 수 있겠다는 희망이 생겼다. 그 말씀을 새긴 이후 나의 학교생활은 조금씩 달라졌다. 전보다 좀 더 단단해진 느낌이 들었고, 무엇보다 이 오묘하고 신기한 '마음'이라는 것에 대해 더욱 관심 갖게 된 계기가 되었다.

고등학생이 되면서 공부심은 점점 깊어져 학생법회뿐만 아니라 그다음에 이어서 하는 청년법회까지 나가보게 되었고, 일주일에 한 번씩 열렸던 '정전마음공부방'도 다니게 되었다. 대부분이 대학생이나 직장인인 청년 교우님들이었는데, 교복 차림의 쪼그만 여학생이 맨 앞자리에 떡하니 앉아 있는 것이 귀여워 보였는지 나를 무척 귀여워 해주셨던 기억이 난다.

교당 안에 있는 교무님 방에는 책들이 많아서 아예 방 한쪽 면에 책꽂이가 있었다. 테이블 위에는 사탕이나 빵들이 있었다. 학생 법회를 보는 토요일이면 나는 늘 다른 교우들보다 조금 이른 시간에 교당에 가서 책을 꺼내 읽기도 하고 상 위에 놓인 간식을 먹으며 교무님과 대화하는 것이 즐거웠다. 사실 토요일이 아니어도 언제든지 궁금한 것이 있으면 학교가 끝나자마자 교무님께 달려가 질문을 하곤 했고, 그 질문에 교무님은 매번 성심성의껏 답해 주셨다. 일상의 고민에서부터, 근본적인 물음까지 무엇이든 교무님께 여쭤보면 너무도 명료하게 문제를 짚어 주시고 나의 궁금증을 해결해 주셨다. 그리고 내 안에 맺힌 응어리가 풀어지는 듯 하여 마음이 청량해지는 느낌이 들었다. 교무님께서는 어두운 마음에 가린 내가 아닌 '진정한 나(眞我)'로 살아갈 수 있도록 성심성의를 다해 이끌어 주셨다. 그리고 교무님께서는 이러한 가르침을 통해 참다운 행복을 느끼는 제자들을 모습을 지켜보시며 마치 내일 같이 좋아하셨다. 오직 이타적으로 사시는 교무님의 모습은 누구보다도 행복해 보였고, 진정 자신을 위한 삶을 살아가시고 있다는 느낌이 들었다. 이 무렵부터 교무, 전무출신의 삶에 대해 관심을 가지기 시작했다.

고2가 되면서 앞으로의 진로에 대해 생각해보게 되었는데 자연스럽게 전무출신을 해야겠다는 생각이 들었다. '출가 서원'을 세운 것이다. 나는 마음을 굳히고, 김제원 교무님께 찾아가서 전무출신을 하고 싶다고 말씀드렸다. 교무님께서는 처음엔 조금 놀라신 듯했지만, 매우 기뻐하셨다. 그리고 부모님께도 출가하겠다고 말씀드렸다. 갑자기 딸이 출가하겠다고 하니 부모님은 처음에는 당황하신 듯 하셨지만, 나의 예상

보다도 쉽게 출가하는 것을 허락해주셨다. 그런데, 꽤 오랜 시간이 지난 후에야 당시 부모님이 맏딸이 출가 선언을 한 것에 대해 크게 충격을 받으셨고, 인정하고 싶지 않아서 심적으로 힘들어하셨다는 사실을 알게 되었다. 지금 생각해보면 부모님은 한 번도 내가 하고자 하는 일을 반대하신 적이 없었다. 언제나 나를 믿고 무한한 지지를 해주시는 부모님, 그 무한한 사랑에 깊이 감사드린다.

🌸 간사생활 10개월, 짐을 싸다

내가 고3이 되면서 김제원 교무님은 지금의 안암교당 주임교무로 발령 받으셨다. 그래서 나는 고등학교를 졸업하자마자 김제원 교무님을 추천교무 겸 지도교무로 하여 안암교당에서 간사근무를 하게 되었다. 출가자로서의 첫발을 딛는 간사 생활을 시작하면서 난 알게 되었다. 재가교도로서 내가 다니던 편안한 교당 뒤에는 보이지 않는 교무님들의 희생이 있었다는 것을 말이다. 처음 공가(公家)의 생활을 하면서 행복할 때도 많았다. 하지만, 스승님의 본의를 알지 못하고, 내 마음대로 판단하고 실행에 옮기는 때도 많았고, 스승님에 대한 원망도 가장 많았던 시기가 이때였다. 그럴 때마다 스스로 자책하면서 하루하루를 보냈다. 그 정도가 심해지자, 어느 순간 '내가 전무출신을 하면 이 회상에 큰 빚만 지는 것 아닌가?' 하는 두려움이 생겼고, 내 자존감은 바닥으로 떨어졌다. 나는 결국 10개월 만에 조용히 짐을 쌌다. 교무님께서는 나중에라도 다시 출가할 수 있다며 달래주셨지만 난 다시 출가할 생각은 감히 꿈도 못 꿀 것 같아 그냥 일반교도로 살아야겠다고 다짐했었다. 전무출신의 길이 무기한 연장되면서 '전무출신에 대한 서원'은 내 마음속에서 점점 잊혀갔다.

🌸 땅에서 넘어진 자, 땅을 짚고 일어나라

나의 20대 초반은 오직 전무출신만을 꿈꾸었다가 갑자기 목표를 잃어 어찌할 줄 몰라 방황하던 시절이었다. 교무님께서는 일단 공부를 해서 대학을 가라고 하셨다. 나는 어찌어찌 1년간 공부를 해서 집과 가까운 대학을 다니게 되었다. 학교는 되는대로 점수에 맞춰서 갔다. 공부에도 그다지 흥미가 없었고, 그 당시에는 무엇을 해도 제대로 되는 게 없는 것 같았다.

대종경 교단품 18장 말씀 중에서 '전무출신 지원서를 낼 때에는 오직 깊이 생각해야 할 것이니, 허공법계와 대중의 앞에 맹세하고 중도에 마음이 변하여 개인의 사업이나 향락에 떨어진다면 이는 곧 천지를 속임이 되므로 진리가 용서하지 아니하여 결국 그 앞길이 막힐 것이요.'라고 하셨는데, 난 이 부분을 읽을 때마다 가슴이 턱 막히는 것 같았다. 내가 살아보려고 아무리 발버둥 쳐도 진리가 용서치 않아서 내 앞길을 막는다는 생각이 들었기 때문이다.

이 무렵부터 교무님 말을 안 듣기 시작했다. 교무님의 눈을 피해서 하지 말라는 것을 하며, 교무님을 속일 때가 많았고, 매주 법회는 보지만 교당에 살짝 발만 대며 밖으로 겉돌고 있었다. 스승님 속을 썩이는 꼴통 제자가 바로 나였다. 나 스스로가 예쁘지 않았다. 더이상 교당에 나가 교무님과 도반들을 보는 것도 힘들다는 생각이 들었을 때, 난 결국 교당에 나가지 않기로 다짐했다. 그런데 이 다짐도 3개월을 넘지는 못했다. 교당에 안 나가면 처음에는 마음이 편안할 줄 알았는데, 이미 망가진 마음을 계속 방치해 두니 안에서 곪기 시작한 것이다. 시간이 지날수록 나의 몸과 마음이 피폐해짐을 느꼈다. 그러면서 '다시 교당에 가야겠다.'는 결심을 하게 되었다. 일단 내가 살고 봐야 하니까 무작정 교당에 갔다. 교무님께 무릎 꿇고 참회의 눈물을 흘리며 앞으론 교당에 열심히 다니겠다고 맹세했다. 교무님께서는 '우리 인성교우 부모님이 다니시고 원래 다녔던 전농교당으로 갈래? 아님 여기 안암교당에 다닐래?'라고 물으시며 나에게 선택할 기회를 주셨는데 난 두 마음 없이 안암교당에 있겠다고 말씀드렸다. 스승님을 떠나기 싫은 마음도 있었지만, '땅에서 넘어진 자 땅을 짚고 일어나라.'라는 말처럼 내가 좌절감을 느꼈던 이곳에서 다시 일어서고 싶었기 때문이다. 그날부터는 빠지지 않고 이전처럼 교당에 다니게 되었다.

교당 반주자가 되다

내가 중1이었을 무렵, 어머니는 기왕 피아노를 배우는 것이면 나 혼자 만족하고 끝나는 것이 아니라 어디에서든 도움이 되었으면 좋겠다고 하시며, 피아노 학원 원장님께 내가 <원불교 성가>와 반주법을 배울 수 있도록 부탁해 놓으셨다. 당시 나에게 <원불교 성가>라고 하면 왠지 딱딱한 느낌으로 다가와서 별로 내키지 않았지만, 어머니의 부탁을 저버릴 수 없어 울며 겨자 먹기로 배웠다. 이때 성가 반주를 익혀 둔 것이 이때부터 지금까지도 계속 쓰이게 된 것을 보면 우리 어머니는 정말 선견지명이 있는 분이다.

스물둘에 방황을 마치고 다시 교당을 다니고 있는데 당시 일반법회 반주를 하던 교우님이 직장 문제로 매주 반주하는 것이 어렵다며 나에게 반주를 부탁하셨다. 거기다가 청년법회 반주까지 맡아서 하게 되면

서 어느 순간부터 성가 반주는 당연하게 해야 하는 생활의 일부로 여기게 되었다. 시간은 흘러 매주 성가 반주를 한 지 6년이 지났고 매년 공부와 사업을 결산하여 시상하는 결산 법회 때 6년 무결석 상을 받게 되었다. 6년간 무결석 하게 된 결정적 이유도 내가 성가 반주자였기 때문이다. 처음에는 책임감으로 했고, 나중에는 내가 좋아서 했다. 그러나 반주는 법회의 일부일 뿐이었고, 사실 정말 좋았던 것은 보산님의 무량한 법문을 듣는 기회가 많아서였다. 성가 반주를 하기 위해서는 매주 법회 시간 20분 전에는 먼저 도착해 법회 준비를 해야 했다. 토요일 저녁에는 청년 법회를, 일요일 아침에는 일반법회를, 화요일(현재는 수요일)에는 '정전마음공부방' 강연과 설법을 들으러 교당에 갔다. 적어도 일주일에 3일은 교당에 다닌 셈이다. 피아노 반주를 한 덕분에 남들은 한번 듣는 설법을 나는 일주일에 3번씩 들을 수 있었다. 그렇게 성가 반주를 맡은 지 3년이 넘어갈 무렵 스스로 예뻐 보이기 시작

했다. 몇 년을 쉼 없이 교당에 가서 법회를 보며 반주를 하는 내 모습이 기특했고, 이런 식으로 무엇인가를 하나씩 끊임없이 실천하다 보면 앞으로 못할 것이 없겠다는 자신감도 조금씩 붙기 시작했다.

성장하는 재미

2012년(원기97년) 가을부터 직장생활을 하게 되었다. 이와 동시에 교당에서는 청년회 교화단 중앙과 문화부 부장을 맡게 되면서 더 많은 경계들이 있었지만, 이 경계들을 마음공부의 재료로 삼아서 공부 삼아 해결해 나가는 재미가 쏠쏠했다. 그리고 내가 한마음을 어떻게 쓰느냐에 따라 변화할 수 있다는 것을 알게 되니 다른 사람도 변화할 수 있다고 믿게 되었고, 인내심을 가지고 기다려줄 수 있었다. 지금 당장은 마음을 안 내는 것 같지만, 다시 믿음을 가지고 열심히 공부하는 도반들을 보면 마치 내 일처럼 기뻤다. 어렴풋이 부모님과 스승님의 마음이 이런 것인가 하는 감상이 들었다. '부모님은 무슨 재미로 자식을 키우고, 스승님은 무슨 재미로 제자를 기르실까?' 생각해보면 부모님은 자식이 자라는 모습을, 스승님은 제자가 성장하고 있는 것을 지켜볼 때가 가장 행복할 것이라는 감상이 들었다. 그리고 언제나 나의 성장을 사랑으로 인내심을 가지고 지켜봐 주시고 기다려주시는 부모님과 스승님께 진심으로 감사한 마음이 들었다.

회사에서 일하고, 교당에서 공부와 사업을 함께 하면서 나의 달력에는 내가 해야 할 것들이 빽빽하게 채워져 갔다. '월요병'이라고 보통 사람들은 주말에 푹 쉬니까 월요일이 돌아오는 것을 힘들어한다고 하는데 나는 주말에 쉰다는 개념이 없으니 월요병이라는 개념이 없었다. 친구들을 만나는 시간도 점점 줄어들었다. 내가 수요일, 토요일, 일요일에는 고정으로 교당에 간다는 것을 아는 친구들은 내가 그 시간만큼은 절대 내줄 수 없다는 것을 알기 때문에 더 이상 나에게 놀러 가자고 말하지 않았다. 집에서도 마찬가지였다. 나의 할머니, 부모님, 동생은 내가 집에 오래 있는 것 같으면 '오늘은 교당 안가?'라고 물었다. 어느 때는 나보다 더 내가 교당에 가는 것을 챙겨주시는 기분이 들곤 했다. 이런 내 주위 인연들의 타력이 있었기 때문인지 '오늘은 공부가 하기싫다. 놀러갈까?', '오늘은 좀 힘든데 하루만 쉴까?' 하는 유혹에 흔들리지 않고 꾸준하게 교당에 다닐 수 있었다. 나중에서야 아버지께 들은 이야기인데, 직장생활을 하면서도 교당의 공부와 일을 놓지 않고 하는 내 모습을 보시고는 '밥은 잘 먹고 다니나?' 나의 건강을 염려하셨다고 한다. 그렇지만 집에 돌아와서 '오늘 교당에서 무엇을 배웠고, 무슨 일을 했는데~'라며 반짝이는 눈빛으로 얘기하곤 하는 나를 보시고는 무엇인가에 미쳐보는 것은 좋은 것이라 생각하고, 겉으로 내색하지는 않았지만 언제나 내가 하는 일을 응원하셨다고 한다.

언제나 시간이 부족하니 나에게 주어진 이 시간을 더욱 오롯하게 밀도 있게 활용했고, 돈을 쓰는 것에는 한계가 있으니 기왕이면 이 돈을 더욱 가치 있게 썼으며, 따로 사람을 만나기가 어려우니 지금 내 옆에 있는 이 사람들과 상생의 인연이 되기 위해 더욱 노력하게 되었다. 몸은 고될 수 있지만, 마음은 편안하고 넉넉하고 즐거웠다. 내 육신만을 위하던 예전의 삶보다, 함께 공부하고 함께 일하는 이 순간순간이 행복했다. '공(公)'에 대해 조금씩 눈을 뜨기 시작한 것이다.

🌸 어떻게 살아야 하는가?

언제부턴가 대종사님의 말씀이 담긴 정전과 대종경을 읽어도 눈물이 나고, 선진님들의 말씀을 들어도 눈물이 나고, 공(公)을 위해 온 힘을 다해 살아가는 분들을 볼 때도 눈물이 나고, 무엇보다 가까이에 계시는 교무님을 뵐 때도 눈물이 나곤 했다. '내가 왜 이렇게 울지?' 그 눈물의 의미를 생각해보았는데, 그것은 스승님들에 대한 감사의 눈물이었고, 지금까지 내 삶에 대한 참회의 눈물이었고, 그리고, 나도 성자가 될 수 있다는 희망의 눈물이었다.

나는 은연중에 '나는 저분들과 근본적으로 다르니 항상 경계에 질 때가 많고, 아무리 마음공부를 열심히 해도 따라잡을 수 없을 것이다.'라는 생각이 있었다. 그런데 어느 순간부터 오기가 생기기 시작했다. '나라고 못 하라는 법 있나? 시일의 차이는 있겠지만, 나도 여래가 될 수 있다. 나도 할 수 있다.'는 분발심이 생긴 것이다. 이때부터 나에게는 큰 숙제가 하나 생겼다. '그럼 난 어떻게 살아야 할까?'라는 물음이었다.

스물여덟의 여름, 직장생활하면서 사람들에게 도움을 주고 싶은 나름의 포부가 있었지만, 욕심으로 인해 더욱 고통스러워하는 사람들을 지켜봐야만 할 뿐 내가 도와줄 만한 힘이 없어 스스로가 무력하게 느껴지곤 했다. 모든 문제는 결국 대종사님의 법으로 해결해야지 일시적인 도움으로는 근본적인 도움을 줄 수 없겠다는 생각이 들었다. 이런 생각들로 자꾸 복잡한 마음이 들어서 도저히 직장 일에 집중할 수가 없었다. 그러기를 며칠이 지나니 회사 업무에도 지장이 가기 시작했다.

이대로는 안 되겠다는 생각에 무작정 교당 대각전에 가서 불단에 앉아 일원상과 대종사님을 하염없이 바라보며 울곤 했다.

그러던 중 하루는 법회 후 공고시간에 영산선학대학교에서 '대학생·청년 신성회'를 한다는 안내가 있었다. 나는 문득 이번 신성회 훈련은 꼭 가야겠다는 생각이 들었다. 나는 목요일 저녁에 2박3일의 짐을 싸두었고, 금요일 저녁 퇴근 후 영광행 고속버스를 탔다. 영산성지에 도착하여 주변을 둘러보는데 묘하게 마음이 툭 터지며 편안해짐을 느꼈다. 마치 오랫동안 떠나 있다가 돌아온 고향인 것처럼 편안하고, 마음이 고요해지는 것을 느꼈다. 이때 신성회 훈련 프로그램 중에 강연이 있었는데 강연 주제가 '나의 서원은?'이었다. 나의 서원이 무엇이지? 곰곰이 나를 돌아보면서 파란 고해의 일체생령을 광대무량한 낙원으로 인도하자는 대종사님의 서원과 나의 서원이 다르지 않다는 것을 깨달았다. 결국은 성불제중 제생의세였다. 나는 대종사님과 같은 길을 걸어간다는 생각에 마음이 무척 든든해졌다. 그리고 영산에서 오롯하게 공부하는 예비 교무님들을 보며 '나도 저렇게 오롯하게 공부하고 싶다!'고 막연히 부러워하게 되었다.

내 삶의 기적의 순간

신성회 훈련을 갔다 온지 한 달 정도 지난 2014년(원기 99년) 8월 무렵에, 갑자기 교무님께서 출가원서를 앞에 내놓으시며, '이제 놀 만큼 놀았으니까 네 갈 길 가자!'라고 말씀하셨다. 출가원서를 보며 '드디어 올 것이 왔구나!'라는 생각이 들었다. 대종사님의 서원과 같은 길을 걷기로 했으니 출가를 생각한다는 것은 나에게 지극히 자연스럽고 평범한 일이었다.

원불교의 출가교도는 전무출신(專務出身)이라 한다. 전무출신이란, 오롯이 공도(公道)에 힘써 일하기 위해 원불교에 출가하여 헌신한다.'는 의미이다. 나는 한 가정, 한 직장에 매여 있는 것보다는 기왕 같은 에너지를 쓴다면 좀 더 근본적인 무언가에 에너지를 쏟고 싶었다. 세상에 다양한 일도 많고 중요한 것도 많지만, 모든 것은 마음의 작용으로 이루어지는 것이므로 '마음'처럼 중요하고 근본이 되는 것은 없다.

대종사님의 가르침의 핵심은 '용심법(用心法)' 즉, 마음을 사용하는 법으로 죄와 복이 다 자기 마음 가운데 있으므로 각자의 조물주는 바로 자기 자신임을 밝혀 주신 것이다. 대종사님의 대행자로서 누구보다 먼저 용심법을 실천하여 이 세상에 이 법을 전달하는 '전무출신의 길'이 가장 가치 있고 보람된 삶이라는 확신이 들었다. 결국 출가지원서를 받은 지 4일 만에 전무출신의 서원을 세웠다. 18살에 처음 전무출신 서원을 세웠다가 나간 뒤로 10년 만에 다시 세운 셈이다. 내가 다시 출가를 한 일은 내 인생의 기적이자 최고의 선택이라고 생각한다.

🌸 다시, 출가

가족들에게 출가를 하겠다고 밝히려니 먼저 걱정이 앞섰다. 20살에 간사를 하다 나왔던 경험은 나뿐만이 아니라 가족에게도 힘든 시간이었기 때문이다. 그래서 더욱 조심스러웠다. 가족들에게 출가하겠다는 다짐을 말씀드리자, 어머니는 '매일 교당만 왔다 갔다 해서 언젠가는 다시 출가할 줄 알았다.'며 담담하게 받아들이셨다. 그런데 가장 크게 반대를 했던 분이 나의 아버지였다. 예전에 힘들어했던 나를 보시며 마음 아프셨던 적이 있는데, 그 출가를 다시 한다니 거부반응이 있었던 것이다. 아버지와 나란히 산책을 하며 출가에 대한 다짐을 차분하게 말씀드렸다. 아버지는 한참을 말이 없으시다가 '네가 정 출가를 하겠거든, 죽어도 돌아오지 않을 결심으로 해라.'라고 말씀하시며 허락해 주셨다. 그날은 오랜만에 아버지 손을 꼭 잡고 걸었다. 나는 한편으론 나 못지않게 고민하셨을 부모님께 죄송스럽기도 하고, 앞으로 다신 실망시켜 드리지 말아야겠다는 다짐을 하게 되었다. 한참을 지나서야 아버지가 당시의 속마음을 말씀해주셨는데, '자식 이기는 부모 없다.'고 말린다고 해서 될 문제가 아니라는 것을 아셨다고 한다. 그리고 스스로 극복하고 용기를 내어 다시 출가를 결심한 것에 오히려 기특하고 고마운 마음이 있었다고 아버지는 말씀해 주셨다.

나는 참 인연복이 많은 사람이다. 전무출신을 서원하게 된 것은, 혼자만의 결정으로 된 것이 아니었다. 지금 생각해보면 가족이 원불교와 깊은 인연이 있어 나도 자연스레 정법회상인 원불교와 인연이 되었고, 도반들이 있기에 마음을 놓지 않고 함께 공부할 수 있었으며, 스승님이 있기에 서원을 다질 수 있었다. 그리고 언제나 나의 서원을 축복해 주는 사람들이 있다. 이 모든 인연이 나를 출가의 삶으로 이끌어 주었다. 출가를 하다 나와서 다시 출가를 할 수 있었던 것도 인연들이 있어서 가능했다. 그러니 나만큼 인연복이 많은 사람이 또 있을까?

빛날 영(煐) 넉넉할 우(優)

출가를 결심한 후 바로 사직서를 제출했다. 그리고 학교에 입학하기 전 간사근무를 하기로 했다. 간사근무를 어디로 할까, 교무님께서 알아보시다가 최종적으로 좌산상사님이 계신 '상사원'으로 결정했다고 알려주셨다. 상사원에서 간사생활을 하게 되다니! 큰 어른을 모신다는 것이 얼마나 큰 복인가! 간사 근무를 시작하기 전, 나는 좌산상사님께 인사를 드리러 갔다. 이때 상사님께서는 나를 유심히 바라보시고는 다시 출가하는 것이니 새롭게 거듭나라는 의미로 새 법명을 지어주셨다. 새 법명은 '빛날 영(煐) 넉넉할 우(優)' 빛이 항상 넉넉하다고 하여 '영우'라고 말씀해 주셨다. 그렇게 새 법명을 받으며 출가의 첫발을 내디뎠다.

소중한 추억, 상사원

좌산상사님께서는 매일 새벽 좌선 후에 대산종사님의 <교리실천도해>와 좌산상사님의 <교법원리도>, <교법의 현실구현>을 교재로 하여 공부를 시켜주셨다. 상사님께서 늘 말씀하시는 것이 '모르는 것은 물어'였다. 만약 아무도 질문을 하지 않으면 상사님께서 역으로 우리에게 질문하셨다. 그래서 그날 배운 것을 시간을 쪼개서라도 복습하고 다음에 배울 것을 예습했다.

한번은 한자 3급 시험 준비를 위해 소법당 책상에 앉아 공부하고 있었다. 그때 상사님께서는 저녁 산책을 다녀오신 후 잠시 소법당 안을 왔다 갔다 하셨는데 한참을 그러시다가 대뜸 내 옆에 앉으시더니, '자, 모르는 것이 있으면 물어라!'라고 말씀하셨다. 상사님은 그런 분이셨다. 언제나 하나라도 가르쳐주고 싶어 하셨다.

하루는 아침부터 저녁까지 일이 계속되어 식당에서 있다가 겨우 일이 끝나고 본관으로 돌아가려는데, 다른 간사가 상사님께서 내가 아침에 미처 정리하지 못한 손님방을 우연히 열어보셨다가 크게 화를 내셨다고 전해주며 마음을 단단히 먹고 가라고 일러주었다. 나는 잔뜩 긴장한 상태로 본관에 갔다. 그런데 상사님께서는 아무 일 없었다는 듯이 나에게 물티슈를 가져오라고 하시며 같이 창틀을 닦자고 하셨다. 창틀을 닦으며 상사님과 이런저런 대화를 나눴는데 방을 치우지 않은 것에 대해서는 한마디도 말씀하지 않으셨다.

상사님께서는 아주 사소한 일 하나라도 허투루 하시는 일이 없다. 매 식사 후에는 상사님을 모시고 동네 한 바퀴를 산책하는데, 상사님께서는 한 걸음 한 걸음 발을 뗄 때도 '나무아미타불' 염불을 하며 걸으셨다. 그러면서 발은 11자로 걷는지, 다른 사람의 진로를 방해하고 있지는 않은지, 팔을 크게 움직이고 있는지 등 몇 가지를 계속 유념하며 걸어가셨다. 매일 그 시간이면 반복하는 일상이지만, 그 안에서 상사님께서는 항상 마음을 챙기셨다. 그 마음 챙김이 산책뿐만 아니라,

매사 모든 일을 그렇게 하셨다. 상사님께서는 말 없는 가운데 실천하시는 모습을 통해 언제나 나에게 가르침을 주셨다. 그리고 그 가르침은 어느새 내 가슴속 깊이 새겨져 있었다.

큰 스승님이신 좌산상사님을 모시고 22개월 동안 간사근무를 했다. 나는 상사원에서 좌산상사님과 지도교무이신 현타원 김형선 교무님 외 모든 교무님들, 시산 덕무님 등 많은 분들의 은혜 속에서 간사생활을 무사히 마칠 수 있었다. 이 은혜에 보은하기 위해서라도 마음공부를 더욱 오롯하게 해야겠다고 다짐했다.

🌸 공부하고 있는 지금

현재는 3년간의 학부생활을 마치고 원불교대학원대학교에 재학하고 있다. 추천교무님이신 보산님께서는 '네가 놀 곳은 여기다'라고 하셨는데, 살아보니 그 말씀이 맞는 것 같다. 내가 놀 곳은 여기다. 요새는 '영우야! 영우야!' 안으로 내가 나에게 외칠 때가 많다. 법과 마가 치열하게 싸우고 있는데, 마가 이길 때도 많지만, 법이 이기는 빈도수가 점점 늘고 있다. 그래서 더 재미있다. 마음공부는 하면 할수록 참 재밌다. 그리고 앞으로는 또 어떤 공부 거리가 올까 기다려진다.

이제는 내가 부처인 것을 믿는다. 내가 부처이다. '믿음대로 산다.'고 좌산상사님께서 말씀하셨다. 그러니 무조건 믿는다. 하지만, 역으로 생각하면 내가 살아온 만큼 믿기도 한다. 작은 나(小我)를 큰 나(大我)로, 언제나 일원상을 표준으로, 한순간도 일원상의 마음을 놓지 않고 살아가는 만큼, 내가 일원상임을 믿을 수 있고, 이 일원의 체성에 합일할 수 있다고 생각한다. 하지만, 마음을 놓고 마음을 챙기지 않으면 이러한 마음가짐과 공부의 소득들은 한때의 추억으로 남게 될 것이다. 그렇게 되지 않으려면 날마다, 매 순간 나를 새롭게 해야겠다.

얼마 전에 보산님이 영산에 오셨는데, 그때 스승님의 얼굴을 가만히 바라보았다. 스승님께서는 '나 많이 늙었지?'라고 물으셨고, '저도 같이 늙어가요.'라고 답하며 함께 웃었던 기억이 난다. 스승님도 나도 나이 들어가는데, 그 안에서 나는 얼마나 스승님의 가르침대로 살고 있는가 돌이켜보면 아직도 부족한 점이 많다는 생각이 들었다. 그렇지만, 안되면 될 때까지 하면 되는 것이고, 그저 이 정법에 맥을 대고 제대로 가고 있는지 확인하며 앞으로 나갈 뿐이라는 감상이 들었다.

출가 서원을 세우고 간사 때부터 학부를 졸업한 지금까지 나를 이 자리에 있게 한 것은 결국 '서원'과 '신심'이었다. 따로 서원과 신심을 기르는 것이 아니라, 언제 어디서나 서원을 떠나지 않고 살아가는 것이 서원을 키워나가는 것이고, 스승님의 말씀을 계교하지 않고 그대로 하는 것, 대종사님께서 하라고 하신 대로 그대로 하는 것, 이것이 신심이다. 그리고 이것이 내가 가장 떳떳해질 수 있는 길이다. 스스로 떳떳하면 그것으로 된 것이라는 감상이 들었다.

나는 전에도 없고 앞으로도 없을 이 회상에 들어와서, 원불교 전무출신의 길을 택하고 이 길을 걷게 되었다. 이 길은 대종사님께서 걸으셨던 길이며, 스승님이 걷고 계신 길이고, 내가 걸어가야 할 영생토록 가장 행복한 길이라 믿어 의심치 않는다. 대종사님, 정산종사님, 대산종사님, 좌산상사님, 경산상사님, 전산종법사님을 비롯한 모든 스승님께서 내어 주신 이 길 위에서, 스승님들 따라 나도 함께 발맞춰 걸어가겠다. 이 길을 모두 함께 걸어갔으면 좋겠다. 그리고 "나 여기 무엇하러 왔는가?" 이 질문을 언제나 마음에 품고 살겠다.

불지를 향하여

한영훈 (영산선학대학교 4학년)

옷을 다시 입으며

나는 살면서 한 번도 종교인의 삶을 생각해본 적이 없었다. 그만큼 종교란 나의 짧은 인생에 너무도 '불필요한 것'이라고 생각해서 언제나 관심 밖이었다. 나의 인생은 나의 의지로, 나의 능력으로 개척할 수 있다고 믿었고, 그래서 무엇에 의지하거나, 또는 그 힘에 기대어 내 삶이 좌우되리라는 것은 나 스스로 용납되지 않았다. 그랬던 내가, 매일 새벽 눈을 떠 어제의 벗어놓은 옷을 다시 입을 때면 한 생각에 잠기곤 한다. 어제의 옷을 입고 있는 오늘의 나는 누구인가.

'원광'의 품안에서

내 고향은 전북 임실이다. 어린 시절의 기억들은 조용한 시골마을 속에 있다. 이작은 마을에 유치원과 어린이집이 각각 하나씩

- 89 -

있었는데 그중 하나가 임실원광어린이집이었다. 나는 이곳을 다녔다. 이곳에 대한 기억은 단 하나, 원장선생님이셨던 청타원 송혜자 교무님에 대한 기억이다. 어린 내가 보기에 원장선생님은 어떨 때는 무섭고 어떨 때는 인자한 분이셨다. 원광어린이집은 항상 깨끗했고 어린 눈으로 보기에도 검소했다. 나는 늘 마지막까지 어린이집에 남아있는 아이였다. 맞벌이하시는 부모님을 기다릴 때면 늘 조바심이 났다. 하루는 모든 아이가 부모님 손을 잡고 집에 돌아가고 나 홀로 어린이집에 남아있던 날이었다. 그러다 저녁시간이 되어 어린이집 선생님들과 함께 밥을 먹게 되었다. 어른들 속에 혼자 밥을 먹으려니 괜히 어머니가 원망스러웠다. '왜 빨리 나를 데리러 오지 않는 거야!' 밥이 자꾸 목에 매였다. 밥을 먹기 싫다고 하니 원장선생님께서는 밥을 남기면 안 된다며 꾸중을 하셨다. 울면서 먹기 싫다고 떼를 부렸고 교무님은 밥 남기려거든 밖에서 손을 들고 있으라고 벌을 주셨다. 부모님이 오실 때까지 손을 들고 있었던 것 같다. 그 이후 '밥은 남기지 않는 것'이라는 생각이 머릿속에 콱 박혀서 지금도 밥을 남기지 않는다.

어느 날 어머니는 어린이집 원장님께서 내 이름을 지어주셨다고 하셨다. 마침 개명을 고려하고 있던 터라 그래서 그런가보다 하고 생각했다. 지금 돌이켜보면 청타원님께서는 나를 원불교로 입교시키시며 '영훈'이라는 법명을 지어주셨다. 그러나 어머니께서는 원불교에 대한 이해가 별로 없으신 터라 나에게는 이름을 지어주셨다고 하셨다. 시간이 지나 원광어린이집을 졸업하고 영훈이 아닌 작명소에서 지은 승원이라는 이름으로 개명을 한 뒤엔 원광어린이집과 원불교, 청타원 송혜자 원장선생님은 나의 머릿속에서 서서히 잊혀져 갔다.

나는 모태 천주교 신자였다. 할아버지 할머니 대부터 천주교를 신앙해왔고 친가 친척 모두가 지금도 성당에 나가 미사를 올리며 부모님도 역시 성당에 다니신다. 어렸을 적엔 부모님의 강권에 의해 학생과 청소년 미사에 제법 잘 나갔던 것 같다. 그러면서 더더욱 원불교라는 종교는 내 염두 밖이었다.

🌸 진정한 삶의 가치를 꿈꾸며

전교생이 400명 정도인 임실 초등학교를 졸업하고 전주로 이사를 와서 중학교와 고등학교는 전주에서 다녔다.

여느 학생들처럼 시험을 위해 하루하루를 살아갔다. 제법 공부를 잘했고 나름 노력도 열심히 했다. 시골에서 온 나에 대한 사람들의 무관심은 점점 관심으로 바뀌었고 그만큼 내게 거는 기대도 커졌다. 그 관심과 기대에 부응하고 싶었다. 청소년 시절 나의 존재가치는 나에게 없었고 항상 상대방과의 비교, 평가의 대상이 되어 상대적인 세계에서만 나의 존재가치는 발하였다. 성적이라는 기준으로 세상을 바라보았다. 나는 사춘기가 없었다. 진지하게 나라는 존재에 대한 고민, 이 세상과 나의 관계, 나의 역할 등을 생각할 겨를이 없었다. 당시에 이러한 고민을 해야 한다고 이야기하는 사람도, 그러한 고민을 하는 사람도 나는 만나지 못했다.

병들어가는 이 세상을 건지기 위해 원대한 꿈과 이상, 진정한 삶의 가치란 무엇인지 생각해보지 못했다. 그 누구도 나에게 그것이 중요하다고 이야기해주는 사람이 없었고 오로지 내가 소속한 사회에서 얼마나 객관적인 잣대로 평가받는지가 중요했다. 그때 나의 존재가치는 남에게 있었다. 남이 있기에 내가 존재했고, 내가 존재하기 위해 남이 있어야 했다. 그렇게 내 모든 자유는 대입 이후로 유예하여 놓고 고등학교 시절을 보냈다. 나는 내가 무엇을 좋아하고 무엇을 잘하는지 또 무엇을 하고 싶은지 몰랐다. 미래에 대한 고민과 삶에 대한 가치를 찾고자 하는 노력이나 조언은 대한민국 학교에 없었다. 그렇게 학교와 학원을 오가며 시간은 흘렀고 법적으로 성인이 되기까지 약 50일을 앞두고 있었다.

🦟 어둠의 긴 터널을 지나

세상 사람들 모두가 중요하다는 대입 시험을 나는 망쳤다. 더 정확히 말하면 '다른 사람의 기대'에 못 미치게 시험을 치렀다. 그 당시 나는 인생의 가치가 무엇인지 몰랐고, 인과를 몰랐다. 나에게 닥친 작은 경계에도 내 마음은 쉽게 진정되지 않았다. 온실 속에서 자란 나에게 닥친 첫 번째 시련이었다. 욕심이라는 것은 항상 내가 가진 능력 그 이상을 바라고, 요행을 바라는 데서 오는 것이라는 이치를 몰랐다. 나는 인과를 몰랐다.

  늘 경쟁속에서 존재가치를 찾았던 나에게 그해 겨울은 추웠다. 경쟁에서 탈락한 낙오자 같았고 그동안 살아온 시간과 노력을 부정당하는 듯한 주위의 시선들이 고통스러웠다. 그중 가장 괴로웠던 것은 부모님의 기대에 못 미쳤다는 그 생각이 가장 힘들게 했다. 그러나 그때까지도 그 괴로움의 진짜 원인이 무엇인지 몰랐다. 그래서 '세상에서 가장 중요한 대입 시험'을 다시 치르기로 마음먹었다.

  1년의 시간이 흐르고 부담감과 긴장감은 배가 되어 나의 정신을 흐리게 했다. 마음을 진정시키고자 했지만 쉽지 않았다. 경계를 마주하여 한 번도 요란한 마음을 진정시키려는 노력해본 적이 없었다. 마치 천 미터를 전력 질주하고 나서 바로 시험지를 펼쳐보는 것 같았다. 이제는 어느 대학인지가 중요한 것이 아니었다. 나의 성적으로 갈 수 있는 대학은 없었다. 선택의 여지없이 삼수생의 신분으로 그 1년의 시간은 단지 365일이라는 산술적인 시간이 지나간 것뿐이었다. 공부한 것도, 그렇다고 열심히 논 것도 아니었다. 활자로 된 모든 것은 읽기가 싫었다. 5평의 원룸에서 오직 다음 수능시험일이 돌아오기만을 기다렸다. 그렇게 되는 대로 시간을 허비했다. 그렇게 입학한 학교에서도 나에게는 어떠한 의욕이나 희망도 없었다. 만족이라는 것은 현재의 나를 인정할 때 비로소 가능하다는 원리를 몰랐다. 이루어질 수 없는 이상과 현실의 괴리감은 나의 자존감을 끌어내리고 열등감은 커졌다. 그러다 보니 현실을 부정하게 되었고 더 이상 사람을 만나고 싶지 않았다. 두려웠다. 학사 경고와 휴학하기를 반복했고 나중에는 집에서 나오지 않았다. 우울증과 원형 탈모가 찾아왔고 온몸에 붉은 반점 같은 피부병이 생겼다. 수면제 없이는 잠을 잘 수 없었다. 흐리멍덩한 하루하루가 이어졌다. 기억력이 많이 떨어지는 것을 느껴졌다. 정신건강이 나빠지니 육신건강도 함께 악화되었다.

🌸 새 삶의 기회, 만덕산

그 무렵 부모님 몰래 휴학하고 혼자 자취방에서 지내고 있었다. 어머니께서 아무 연락없이 서울 자취방에 오셨다. 폐인처럼 망가져 있는 모습을 보시곤 눈물을 흘리셨다. 그런 나는 어머니에게 화를 냈다.

"왜 연락도 없이 이렇게 찾아오시면 어떡해요!"

"집으로 내려가자 이러다가 너 죽겠다."

어머니는 원불교에서 운영하는 만덕산 효소단식원에 보내셨다. 자포자기 상태인 나는 수차례 거부하다가 어머니의 간곡한 부탁에 마음을 돌려서 가보기로 했다. 동전주를 벗어나 외길로 난 시골길을 따라 한참을 가다 보면 길이 끝나는 곳에 만덕산이 우뚝 솟아 있었다. 시골마을에서도 1킬로미터를 더 골짜기로 들어가야 했다. 그곳에서 4주간의 단식원 생활이 시작되었다. 효소 단식원 안팎에 사람이 별로 없었다. 그래서 굳이 방안에만 숨어있을 필요가 없었다. 낮에는 혼자 초선지라는 곳도 올라가고 밤이 되면 마을로 내려가 한적한 가로등 불빛을 따라 시골길을 걷곤 했다. 2주 만에 90킬로그램에 육박하던 내 몸무게는 15킬로그램이 줄어들었고, 피부에 난 반점들은 아물어갔다. 점점 효소 단식원 생활에 익숙해졌고 그동안 여러 사람이 오갔다. 나보다 훨씬 건강이 나쁜 사람도 여럿 만나게 되면서 이곳에 오길 잘했다는 생각을 했다. 그리고 이만큼 건강하다는 것에 감사함을 느꼈다.

✿ 숙겁의 인연, 보산 김제원 교무님!

만덕산에서 보름이 지났을 무렵 중년의 한 남자가 효소단식원에 왔다. 원불교 안암교당에서 오신 교무님이라고 하셨다. '교무님?' 처음 들어보는 호칭이었다. '원불교라는 곳에서는 교무님이라고 하나보다.' 그런데 그분의 모습을 보니 지친 모습이 역력했다. 처음 보는 자리에서 간단하게 인사를 마치고 그다음 날부터 효소단식원의 일과를 함께했다. 나는 단식원 신입인 교무님을 단식원의 일과에 맞게 안내하는 역할을 했다. 그중 매일저녁 교무님과 정해진 일과인 장운동 108배를 하고 나면 몸과 마음이 상쾌해졌다.

며칠 지나고 만덕산 초선지를 산책하며 김제원 교무님과 원불교란 무엇이고 교무는 무슨 일을 하는지, 왜 당신은 원불교 교무가 되었는지에 대한 이런저런 이야기를 나누었다. 정확히 무슨 이야기를 나누었는지 기억이 나지 않는다. 다만 교무님과의 대화가 끝난 그 자리에서 나는 교무님께 출가를 하겠다고 말씀드렸다. 그리 쉽게 나는 출가를 입에 올렸다. 출가 감상담을 할 때마다 나의 출가동기를 생각해 보면 '모르겠다.'이다. 그러나 그때 그 느낌만은 기억난다. 길고 긴 터널의 끝을 바라보는 기분이었다. 몸과 마음이 살아났고 전에 없던 꿈과 힘이 샘솟았다.

재미있는 것은 원불교에 입교를 위해 개인정보를 원티스에 입력하는데 이미 입교가 되어있어서 깜짝 놀랐다. 그때 20년 전 청타원 송혜자 교무님으로부터 한영훈이라는 법명으로 이 회상에 인연을 맺어주셨고 김제원 교무님께서는 출가연원으로 이끌어주신 것이다. 그날 이후 김제원 교무님은 먼저 교당으로 돌아가셨고 1주일이 더 지나고 나는 만덕산을 내려왔다. 그렇게 4주간의 만덕산 생활이 끝나고 집으로 돌아와서 부모님께 정식으로 원불교에 출가하겠다는 말씀을 드렸다. 그러자 부모님께서는 반대를 하시지도 그렇다고 흔쾌히 찬성을 하시지도 않으셨다. 당신들과 다른 종교의 성직자가 되겠다는 자식의 결정을 허락하는 부모의 마음이 당시에는 이해되지 않았다. 시간이 지나서야 그것이 큰 복이며 감사할 일이라는 것을 알았다. 당시에는 만덕산을 내려와 달라진 몸과 마음이 부모님의 마음을 움직였다고 생각했다.

스스로 다짐한 실천과 변화의 길

사실 어머니는 내가 천주교 신부가 되기를 바라셨다. 당신께서는 평생 밥을 해주고 빨래를 해줄테니 신부가 되라고 여러 번 권하셨다. 그래서 나는 다른 종교의 신자도 아니고 그 종교의 성직자가 되겠다고 했을 때 당연히 부모님께서 반대하실 거라 생각했다. 시간이 흐르고 여쭈었다.

"왜 제가 원불교 교무가 된다는 것에 반대하지 않으셨습니까?"

"나는 너에게 나의 신념과 믿음을 강요하고 싶은 생각이 없다. 그리고 원불교 교리는 내가 잘 모르지만 사회복지사로서 복지기관에 근무하시는 교무님들의 모습을 보면 성직자로서 존경할 만한 분들이시더라. 교무님들의 삶은 군더더기 없이 검소하고, 불편하지만 인내하고, 타인을 위해 봉사하며 사는 삶이라는 인상을 받았다."

가톨릭과 원불교가 종교는 다르지만 성직자의 삶이라면 그렇게 살아야 한다고 교무님들의 삶을 통해서 알고 계셨다. 그래서 지금도 부모님의 큰 반대 없이 수월하게 출가를 할 수 있었던 것에 큰 감사를 드린다. 어머니께서는 내가 출가를 한 이후에 더 성당에 잘 나가시고 원불교 교리도 조금씩 공부하신다. 특히 어머니께서는 '내 심통제자가 되면 예수가 하는 일을 알게 될 것이요, 예수의 심통제자가 되면 내가 하는 일을 알게 될 것이다.'라는 대종경 전망품 14장 법문을 좋아하신다.

정토회관에서 간사 1년을 마치고 집에 가서 어머니께 말씀드렸다.

"아들이 원불교 교무가 되려고 하는데 엄마가 입교하셔야 되는 거 아니에요?"

그러자 어머니께서는 말씀하셨다.

"내가 너 출가한다고 할 때 반대를 안 한 것이 종교라는 것은 강요해서 되는 것이 아니고 감화가 되어야 하는 거다. 그러니 내가 너의 종교를 인정한 것처럼 너도 내 종교의 자유는 인정해라."

그리고 나는 마음먹었다. '대종사님 법으로 나 스스로 먼저 실천하고 변화해서 부모님과 가족들을 감화시키겠다.'

공부에 대한 재미와 확신

출가를 서원하고 원기 100년에는 익산 정토회관에서, 101년에는 경북 상주교당에서 랑타원 이명수 교무님을 모시고 간사근무를 했다. 지난 2년의 간사근무는 스스로를 돌아보는 시간이었다. 그동안 얼마나 천방지축으로 살아왔는지, 사람으로 태어나 사람이 마땅히 걸어가야 할 길을 모르고 자행자지해왔는지 알게 되었다. 내가 만들어온 업장을 마주하는 것부터 쉽지 않은 일이었다. 그러나 법도있게 생활하시는 교무님들의 모습을 보면 저렇게 살고 싶다는 생각을 했다. 그래서 대종사님의 법으로 지금까지 형성해온 기질을 변화시킬 수 있다는 믿음을 가지고 공을 들였다. 새벽에 일어나 좌선을 하는 것에서부터 정해진 시간에 심고를 올리고 잠자는 것까지 규칙적인 일과가 일상이 되도록, 순간순간 일어나는 망념들을 돌려 일심으로 만들고자 노력했다.

또한, 사심으로 가득 찬 내 마음을 공심으로 돌리기 위해 매진했다. 이런저런 망념이 올라올 때마다 그 마음을 가만히 바라보았다. 모든 생각을 내려놓고 오래오래 그 마음을 관조했다. '심지는 원래 요란하고 어리석고 그름이 없는데 내가 경계라고 인식하는데서 있어지는구나.' 순간순간 내 마음을 공부했다. 마음을 공부하기 위해서는 먼저 그 마음을 챙겨서 바라보아야 했다. 시간이 지날수록 그 공부에 대한 재미와 확신이 생겼다. 이 세상이 병든 것은 모두 내 마음이 병들었기 때문임을 알게 되었다.

그렇게 간사 2년의 시간은 오만한 내 마음을 내려놓는 시간이었다. 매일새벽 날카롭게 울리는 자명종 소리에 깨면 찬물로 세수하고 교당 문을 열었다. 그리곤 기도 좌선을 준비했다. 독경하다가 졸음이 오면 소리를 더 크게 지르고, 좌선하다 졸리면 혀를 깨물었다. 그리고 아침 먹기 전에 청소하고 낮에는 교당 일을 했다. 남는 시간엔 경전을 외우고 연마했다. 저녁엔 상시일기와 정기일기를 쓰고 염불을 했다. 토요일엔 어린이 법회를 주관하고, 일요일엔 일요예회 사회를 보았다. 이렇게 교당에서 반복되는 일과 속에서 내 마음의 힘은 나도 모르게 아주 조금씩 길러지고 있었다. 아주 가끔이지만 새벽에 좌선하며 고요하고 두렷한 자리를 경험하기도 했다. 그 힘으로 경계에 끌려가는 내 마음을 바라볼 수 있었고 붙잡아 올 수도 있었다. 모든 일에 깊고 넓고 멀리 생각해보려고 했다. 하고 싶은 것과 하기 싫은 것에 끌리는 마음을 멈추고 하기로 한 일은 이를 악물고 실행해보기도 했다. 마음을 공부하는 시간이 늘어갈수록 정신수양 사리연구 작업취사가 정말 조금씩 늘어가는 것 같았다. 동시에 내 마음도 모든 것에 조금씩 자유로워지는 것을 느꼈다.

🌸 내 마음의 주인으로

나는 현재 전라남도 영광군 백수읍 길용리의 시골 마을에 있는 영산선학대학교를 다니고 있다. 이곳에서 나에게 다가오는 모든 문제는 두 가지 화두로 수렴된다. '나 여기 무엇 하러 왔는가.' '나 여기서 어떻게 살 것인가.' 원불교 교무가 되는 것은 궁극적인 목표가 아니다. 부처가 되고 싶다. 어두웠던 내 마음이 밝음을 향해 나아가고 있음을 느낀다. 새벽부터 저녁까지 일과 속에서 우리는 마음의 힘을 키워나가고 있다. 그러면서 함께 공부하고 함께 일하며 함께 생활하는 도반들은 영생에 다시없을 상생의 인연임을 깊이 느끼고 감사한다. '세상 어딜 가야 이런 사람들을 다시 만날 수 있을까?' 또, '어찌 우리가 한곳에 모여 대종사님의 법으로 공부하며 살아갈 수 있을까.' 늘 생각하면 할수록 감사한 마음뿐이다. 스승님들과 도반들이 있기에 힘이 없는 나는 그들에게 의지하고 그들을 본받고자 노력할 수 있다. 나만을 위하려는 이 세상에서 나보다는 공을 위해 살아가려 노력하고, 밖으로 향해있는 눈을 돌려 각자의 마음을 바라보며 공부해 나가는 사람들이다. 100년 전 이곳 길용리에서 홀로 구도하시고 홀로 깨달으셨으며 이 회상을 여신 소태산 대종사님의 법으로 우리는 내 마음의 주인이 되고 이 세상 주인이 되어 병들어가는 이 세상을 건지고자 서원하였다. 사은의 은혜를 깨달아 보은하는 삶, 그것이 인간의 진정한 삶의 가치임을 알았고, 그

것을 실행하는 순간이 열반에 이르는 때이며, 그것이 영원한 복과 혜를 장만하는 일이라는 것을 나는 확신한다.

🌸 다시 산이 되고 싶은

만인에게 덕을 베푸는 산, 나는 만덕산과 같은 사람이 되고 싶다. 나처럼 꿈과 희망이 끊어진 사람을 다시 살려내는 만덕산과 같은 사람이 되고 싶다. 나는 이 세상의 많은 사람에게 일원대도를 전하는 만덕산과 같은 사람이 되고 싶다. 그러기 위해서 대종사님의 법을 생활 속에서 실천하는 성직자가 되고자 다짐한다. 나에게는 자신할 만한 법신불 사은님의 은혜와 위력이 갚아 있고, 이 원만한 사은을 밝혀주신 소태산 대종사님이 계시며, 그 법을 이어받아 전해주시는 스승님들이 계신다. 또한 영겁다생에 만나기 어려운 동지들과 이 세상을 향해 함께 나아가고 있음에, 나는 때를 기약하고 불지에 닿으리라는 기쁨으로 하루하루를 살아가고 있다.

그 인연(因緣) 속에서, 나는 출가한다.

차명섭 (안암교당 간사)

🌸 인생이란, 어쩌면 원래 그런 것

한 사람이 태어나서 주위와 상호작용을 하며 인생을 살아간다. 은혜를 받기만 하면서 크다가, 언제부터 주위에 은혜를 주는 사람이 될까. 그리고 그 은혜를 받게 되는 것은 어느 정도인가.

한 아이가 태어나서 세 살쯤 엄마와 이별을 했다. 엄마 없이 자란 아이는 어떻게 해야 잘 자라날 수 있을까?

젊은 아빠는 상처의 순간을 뒤로하고 이 아이를 잘 키우기 위해 그 사실을 아이에게 비밀로 하고 키우기로 했다. 주위 어른들 생각에는 아직 아이가 어리므로, 대신해줄 엄마와 함께 키우면 모를 것이라고 말했다. 우선 아이는 할머니, 외할머니, 고모들이 잠깐씩 돌보았다. 그 동안 아빠는, 함께 아이를 이어서 키워갈 비슷한 사정의 새로운 엄마를 만날 수 있었다. 그 안타까움의 반향이었는지 아이는 집안의 사랑을 듬뿍 받았고, 오히려 그 덕에 잘 자랐다. 구김살이 없었고, 활달했다. 그러나 그 아이가 성인이 되어 돌아보면, 세 살배기 아이의 마음속에는 엄마를 상실한 그 기억이 아주 깊숙한 곳에 흔적으로 남아있었음을 알아차렸을 것이다. 그래도 어쨌든 자라나서 사회의 한 구성원이 되었다.

어린 시절 이런 일이 아니었다면, 이 아이의 이번 한생 살아갈 과정이 어떻게 되었을까? 그러나 어쩌면, 이것은 그 아이의 전세(前世)의 복이기도 하면서 또 전세의 업이 얽혀 있었던 것이다. 앞으로 이 아이가 자라나가면서 만나는 수많은 사건, 상황들이 삶에 어떻게 영향을 미칠까? 그것을 인연(因緣)이라고 한다.

☀, 원불교와의 만남

초등학생 때, 원불교를 만나게 됐다. 엄마는 중고생시절 원불교 학생법회에 참석했지만 성인이 된 이후로는 교당과 멀어졌었다가 그 당시 학생법회를 다니던 인연들이 같이 교당을 나가자고해 다시 모이게 되었다. 교복을 입은 여학생들은 이제 애 하나, 둘 딸린 엄마들이 되어서 모였지만 그대로 즐거웠고, 아이들도 그런 기억을 만들어가길 바랐다.

그렇게 엄마의 인연으로 나는 원불교를 만나게 됐다. 처음에 서김해 교당을 다니면서 교무님들, 학생회 형, 누나들이 예뻐해 주고 좋아해 주니 교당을 나가는 게 재미있었다. 나는 천재는 아니었지만 착하고 영리한 편이어서, 교무님께서 시키는 대로 염불, 독경 등을 잘 따라 했었다. 영주, 청정주, 일원상서원문도 금방 외워서 곧잘 했다. 지금 생각해도 너무 넘칠 정도로 어린이들을 예뻐해 주셨던 교무님들 덕택에, 초등학교 6학년 때는 창원교당에서 어린이회 회장도 하였다.

교리에 대해서도 퍽 거부감이 없이 잘 받아들였다. 어느 날, 어린이 법회 프로그램으로 재활용품으로 공작하기 시간이 있었는데, 주제는 '원불교와 관련 있는 것'이었다. 우리 조원 모두는 원불교에 대해서 이해를 충분하지 못한 상태에서 빈 요구르트병으로 결국 탱크를 만들었다. 원불교와 탱크가 뭔 상관인가. 탱크가 등장한 것부터 웃겼었다. 교무님께서 물어보셨다. 어린 나는 대충의 기지를 발해 또박또박 말씀드렸다. '탱크는 원불교를 퍼트리기 위해 다른 종교를 공격하는 역할을 합니다.' 법당 내에 까르르 웃는 소리와, 그럴싸하다는 반응이 있었다. 그 말을 듣더니 교무님께서 웃으시면서 말씀해주셨다. '우리 원불교는 다른 종교와 싸우는, 공격하자는 종교가 아니다. 모든 종교의 근본이 되는 가르침은 같다.' 그 말씀을 듣고 대단히 신선했다. 세계는 지금 종교, 사상의 대립으로 얼마나 많은 소요와 전쟁이 있는가. 이어서 모두가 은혜의 관계 속에 있다는 말씀을 해주셨고, 그래서 원불교는 이러한 종교구나 하고 마음속에 느껴졌다.

이후 중학생 때가 되어서는 서마산교당에 나가 보았는데, 학생회가 따로 없어서 어른들과 같이 법회를 봐야 했었고 재미가 없어서 괴로웠다. 나는 어린 시절에 특히 비염이 심했는데, 절약하는 교당 살림에 이미 평범한 공기질까지 더 청정하게 할 수는 없었을 것이다. 어른들 수준에 맞춘 법회 내용도 내가 들을 것이 아니라는 생각이 들었다. 처음 몇 번은 참았지만, 어느 날은 비염이 너무 심해 콧물을 목뒤로 삼키며 오는 두통과 양반다리의 불편함으로 인한 짜증에, 법회가 끝나자마자 교당을 뛰쳐나와 집으로 갔다. 지금 보니 꽤 괘씸한 생각이지만 교무님께서 나에 대한 배려가 없다고 느꼈었다. 그리고 그 이후로는 다시는 교당을 가지 않겠다고 생각을 했었다.

☀ 다시 나가게 된 교당

염불, 영주, 청정주는 배워서 나왔던 덕택에 중·고등학교 시절 마음이 요란할 때 그 마음을 가라앉혀보고자 종종 외웠었다. 각종 시험, 가족, 친구, 학교 관계를 잘해나가는 데 있어서 상당히 의지와 도움이 되었었다. 학교생활도 성실하게 해낸 편인 것 같다. 교당을 뛰쳐나왔지만 그래도 내가 원불교 교도라는 생각은 있었다.

학기 초 자기소개나, 인적 사항을 적을 때는 종종 원불교인 것을 이야기했었다. 그 당시는 원불교라는 이야기만 해도 주위의 관심을 일단 끌 수 있어서 그 순간이 퍽 좋았던 것 같다. 공부하면서는 큰 경계가 없는 탓에 (가계에는 중간 중간 경제적으로 힘든 일도 있고 했었지만, 부모님께서 많은 부분 이를 자식이 생각하지 않도록 돌봐주셨기 때문으로 짐작된다.) 세상이 은혜로 이루어져 있다는 사은(四恩), 신분의성(信忿疑誠) 등 원불교 교리 중 일부를 행하고 살면, 그래도 학교공부를 잘하고 인생도 준수하게 살 수 있겠다는 생각이 들었다. 고등학생이 되면서 아빠가 종손으로서 지고 있는 어깨의 짐도 이해가 되었고, 나도 그 짐을 물려받아도 지금 이 궤도대로 살면 상당부분 해소할 수 있을 거라는 생각도 들었다.

그렇게 대학입시 시험이 끝나고, 성적은 평소 기대치에 훨씬 못 미치지만, 어쨌든 일시적 자유를 만끽하고 있었다. 그 겨울에는 태안 인근 앞바다에 삼성 유조선이 침몰하면서 기름이 유출되어 넓은 바다를 오염시켰다. 그래서 전 국민들이 나서서 피해 복구를 위해 나섰고, 원불교 경남지구 청년교도들도 이를 지원하기 위한 봉사활동대를 결성하게 되었다. 교무님을 통해 연락이 왔고, 나도 간다고 말씀드렸다. 무료하던 차에 좋은 경험이지 싶어서 대답한 것이지만, 교무님께서는 많이 고맙다고 표현을 해주셨고, 그게 기분도 좋았었다. 그때 이후로 마산교당 청년들과 함께 법회를 몇 주간 보게 되고, 내가 교당을 뛰쳐나올 당시에 서마산교당 주임이셨던 김덕수 교무님께서 마침 서울에 계셔서 인사차 식구들과 찾아뵈었다. 그때 안암교당을 적극 소개 받아 대학입학을 하며 다시 교당을 가게 됐다.

🌸 사람은 어떻게 살아야 할까

내 인생은 정말 소중했다. 고등학교 다닐 때부터 '어떻게 살아야 잘 사는 것일까?'라는 생각은 단순하지만 늘 하고 있었다.

고교시절, 공부 잘해서 좋은 대학에 가서 사회적으로 존경받는 직업을 얻고, 경제적으로도 넉넉해서 우리 가족을 잘 돌보면서 살면 멋진 삶이 아니겠냐 싶었고, 나오는 공부 성적을 보니 스스로 그 정도는 충분히 가능하지 않을 것인가 싶었다. 그러나 대학 입시 결과가 원하는 대로 풀리지 않자 짧은 순간이지만, 왜 사는 거지? 생각이 들었다. 부모님께 죄송한 마음도 있었고 (그 어깨의 짐도 해소해줄 수 없을 것 같아서), 내 욕심이 충족되지 않은 것에 대해 상실감도 컸다. 그러나 잠깐이었고, 고등학교 졸업식 당일에 극적으로 고려대학교에 합격해서 참 기뻤다. 예비의 예비번호로 입학한 것이다. 물론 내가 합격한 이후에도 더 늦게 합격한 동기가 있는 걸로 봐선 문 닫고 들어간 건 아닌 것 같다. 특히 아빠가 많이 기뻐하셨는데, 지금 생각해보니 그 심경을 더 이해해드릴 수 있을 것 같아 더욱 만감이 교차한다. 그렇게 대학생으로 느끼는 자유로 인해 '왜 사는 거지?'에 대한 생각은 다시 '어떻게 살아야 잘 사는 거지?'에 대한 생각으로 바뀌었다. 내 생각에 스스로 살 가치는 있었다고 생각이 들었나 보다.

안암교당에 와서 주임 교무님이신 김제원 교무님과의 첫 만남은 아직도 기억이 난다. 일전에 교당에 와서 자고 가라는 교무님과의 첫 전화 통화에 "제가 동기들과 벌써 술을 많이 먹어서 술 취한 채로는 교당에 못 가겠습니다."라고 말씀드리고 난 이후의 첫 만남이었다. "어떻게 살 것이냐?"라고 물으시기에, 나는 고대생이었으므로, "대학 다니면서 이것저것 하다보면 원하는 바를 적당히 성취하며 잘 살지 않겠느냐."라고 말씀드렸다. 바로 촌놈이란 소리를 들었다. 그땐 내가 뭘 촌놈인가 하는 생각이 들었지만, 그때 촌놈이라고 해줘서 원불교에 대한 관심이 더 생긴 것 같다. 결과적으로 보면, 촌놈 범부의 일생을 보던 나를 성자의 삶으로 시야로 돌릴 수 있게 해준 큰 인연이었다.

교당에 나오면서 상당히 재밌었다. 월 용돈 30만원 받는 대학생에게, 교당에서 만난 형, 누나 청년들은 나를 교당에 다니게 하려고 맛있는 것도 많이 사주고, 영화, 공연 등 문화생활도 시켜주고, 놀러 나가는 것도 많이 데리고 갔다. 지금 생각해보니 자기들도 뭔 돈, 시간이 있었으면서 그랬나 싶어 고맙기도 하고, 덕분에 난 잘 얻어먹고 혜택을 많이 받고 재밌었다. 어릴 때부터 윗사람들의 사랑과 베풂을 받는 일이 익숙했고, 그 대가로 내가 어떻게 해야 하는지 잘 학습되었던 탓인지, 어차피 내가 갈 수 있을 때 알아서 갈 것이지만 단장, 중앙이 교당에 나오라고 보채는 것이 은근 재밌어서 즐기기도 하였다. 교당도 그렇게 피하지는 않고 꾸준히 나왔다.

여기에서 진짜 좋았던 것은 교당의 마음공부방과 법회였다. 모르는 것을 알게 되는 많은 순간이 있었고, 교무님께서 정말 훌륭하신 분이라고 생각했다. 학교나 학원에서는 들을 수 없는 강의였다. 종교는 마음의 안식을 주기 위해 좋은 말만 해주는 곳이라는 생각도 여기에서 부서졌다. 여기서는 '어떻게 살아야 잘 사는 거지?'에 대한 답을 얻을 수 있겠다 싶었고, 이 답이 종교의 국한에 갇혀있는 것이 아니라 일반 사회에도 충분히 소통될 만큼 합리적이고 멋진 답이라고 여겨졌다. 그래서 반년 정도 교당을 다니다 보니 이것을 적당히 해보면 그 인생이 그럴싸하겠다고 생각이 들었다. 원불교 교리는 한 청년이 미처 수립하지 못한 인생의 철학을 완벽히 수립할 수 있게 해준 것이었고, 교당의 교무님께서는 그것을 계속 연구해서 알려주시는 분이었다. 청년들과 노는 것도 좋긴 했지만, 집에서 영화보고 만화보고 게임해도 재미는 있으니까, 또, 핵심은 공부방과 법회라는 생각 때문에 이후에 올 것으로 예상되는 귀찮음과 책임감을 피하고자 청년회 활동에서 한발 빼고 교당을 다녔던 것 같다.

고려대학교 원불교학생회(이하 고원회)에도 나갔었는데, 대학교 캠퍼스내의 내 생활은 원불교동아리까지 하는 정도로는 하고 싶진 않았다. '아니, 교당도 한주에 화요공부방과 토요일에 법회가 있는데 목요일에 또 고원회 법회가 있다고 오라고?' 너무하다 싶었다. 그러나 고원회의 연원교당은 안암교당이었으므로 김제원 교무님께서 개강 법회에 계셨다. 결국 교당의 연장선인 듯 아닌 듯 다니게 되었다. 고원회 활동을 하면서 평생 동지로 지낼 수 있을 소중한 동지, 선후배들을 만났다. 이 인연을 통해서 결과적으로 교당에 와서 공부를 더 해야겠다는 마음을 챙길 수 있었다.

고원회와 안암교당의 연결이 없었으면 나는 고원회를 굳이 다니지 않았을 것이라고 생각이 드는데, 특이하게 여겨지는 것이 있다.

원래 고원회의 연원교당은 안암교당이 아닌 돈암교당이었고, 지금은 출가한 소대용 선배에게 직접 들은 말로는 본인이 고원회장을 하며 굉장히 떼를 써서 안암교당으로 이것이 옮겨지게 되었다는 것이다. 이 일은 내가 입학하는 그 바로 직전 해에 벌어진 일이므로 내가 입학하던 해에 바로 안암교당이 고원회 연원교당이 되어 김제원 교무님께서 오셨던 것이다. 그런 줄도 모르고 도망을 못 친 것이 계속 고원회와 함께하는 인연이 되었다.

🌸 휴양의 군 복무 기간

육군 25사단 헌병대에서 군생활을 하였다. 대학교 2학년을 마치고, 과외로 용돈을 벌어가며 하고 싶은 게임도 실컷 하고 먹고 싶은 것들도 잔뜩 사먹고 한껏 비대해진 몸으로 군대를 가게 됐다. 자대는 역시 무서운 곳이었고 누구나 그렇듯이 신병 기간은 힘들었지만, 주위 인연들이 크게 나쁜 사람은 없었던 탓인지 순탄하게 풀렸다.

글을 읽을 수도, 글을 쓸 수도 없어 힘들던 훈련병 기간이 끝나고, 내가 자대에 가자마자 집에 요청한 것은 <원불교 전서>였다. 마산교당 청년회에서 신입교도들에게 작은 교전을 선물해주던 것을, 나는 청년회 담당이시던 최경수 교무님께 큰 것을 주면 안 되시겠냐고 여쭸더니, 교무님께서는 "그래, 명섭이는 큰 걸로 줄게."라고 하시면서 주셨던 것이다. 이 전서를 찾을 때 최대한 빨리 받아볼 수 있었던 것으로 기억하는데, 군대에 있는 자녀가 종교를 찾으니 염려도 되셨기에 그런 것으로 짐작된다. 이 전서는 지금도 소중히 간직하며 보고 있다.

취사병으로 보직을 받았으나 아직 부대에는 취사장이 없었고 병영시설 현대화사업으로 기존 생활관을 다 철거하여 병사들이 컨테이너에서 생활하고 있었다. 취사장이 설치되지 않는 등, 몇 가지 문제로 인해서 나는 검문소로 파견을 나가게 되었다. 왜 취사병이 되었지 하는 걱정을 하였는데 밥도 할 줄 모르는 나에게는 정말도 다행이었다.

10명 정도 함께 생활하면서 큰 어려움은 없었다. 일 자체가 고되지 않기도 했고, 맡겨진 일만 잘 처리하면 된다는 것이 다행이기도 했다. 검문소 임무는 주로 자체 경계근무 위주라, 훈련이나 그 외 행정적인 일도 상당 부분 줄어들어 일상은 상당히 단출했다. 야외 기동 훈련이나 근무가 없으면, 후임병인 나는 밥하고 청소하고 빨래하는 것이 임무였고, 남는 시간에는 원불교 전서를 읽거나 또 부대 내에 비치되어있던 진중문고의 책 중 양서들을 편히 볼 수 있기도 했었다. 사람이 적어 건물 내에서는 비교적 이동이 자유로워서 홀로 옥상에 올라가 태양을 보고 선을 하는 등 시간을 가질 수 있었다. 또 첫 휴가를 나가기 전, 손등과 팔오금에 습진이 생겨 고생했는데 함께 병원에 갔던 분대장이 내 성향을 잘 알았는지 복귀하는 길에 잠깐 문구점으로 데리고 가줘서 펜과 연습장을 사서 올 수 있었다. 여기에 법문 중 인상 깊은 구절을 그대로 옮겨 쓰거나 감상을 남길 수도 있었다. 또 아침, 저녁 기도문을 작성할 수 있었다. 당시 건강하게 빨리 전역하는 것 외에는 특별한 원이 없었던 덕인지, 정산 종사님 말씀대로, 나를 위한 것보단 세상 사람들을 위한 내용을 많이 넣었다. 이 기도문을 기초로 조금씩 변화하긴 하였지만 지금도 이 내용으로 조석으로 심고를 모신다. 2010년에 지어진 심고문이니, 2020년인 지금까지 같은 내용으로 조석 심고를 올릴 수 있는 것은 스스로 대단히 값진 경험으로 여긴다.

약 1년 정도 지나 부대의 현대화 병영의 건설이 완료되고, 나는 부대의 취사장 설치부터 보조하기 위해 또 다른 검문소에 있던 취사병 선임 한명과 같이 부대로 복귀하게 되었다. 선임 취사병 형은 무섭고 나와 기호가 반대인 부분이 많았지만, 심성이 착한 편이어서 잘 지냈다. 취사병의 일과가 부대 내의 다른 병사들과 어울릴 수 있는 시간이 적었기에 함께 하는 사람이 참 중요했는데, 느타리버섯이나 국물용 멸치를 다듬으며 드라마를 보기도 하고, 쉴 때는 편하게 지낼 수 있도록 많은 배려를 받았던 것 같다. 여러 사람들과 부딪힐 일도 없고 단조로운 삶이었다. 휴일이 없는 삶이 답답한 것이 가장 힘들었지만, 그 덕분에 전서를 볼 수 있었고 개인 수양을 할 수 있어서 정말 소중한 시간이었다.

간부식당은 부대 밖 너머로 하늘과 뒷산이 보이는 전망 좋은 공간이었는데 이곳이 나의 공부도량이었다. 깨끗했고, 냉난방이 가장 잘 되었으며, 주변과 공간분리가 되어 아늑하면서도, 병사식당 바로 옆이었기에 숨어있다가 들켜도 임무 장소를 이탈한 것이 아니니 군기에 있어서도 문제가 없는 완벽한 안식처였다. 또 교회 장로로 계시는 주임원사께서도 내가 원불교 전서를 읽고 공부를 하는 것에 대해서도 오히려 지지해주고 응원해 주셨다.

그동안 원불교 전서를 네 번 읽었다. 김제원 교무님은 군대에서 여섯 번 보셨다는데, 그만큼은 안 돼도 몇 번 읽어볼 만하겠다는 생각이 들어서 읽기 시작한 것이 실제로 재미가 있었다. 모든 곳을 다 네 번씩 본 것은 아니고, 예전, 성가는 당시 중요성을 몰라 안 읽어야겠다고 생각했다. 그래서 이 부분들은 빼고 네 번 읽었다. 진중문고의 책도 100권은 넘게 읽었다. '100권은 읽어보자.' 하면서 한권씩 읽을 때마다 노트에 제목을 기록하였던 것이, 전역할 때 되어서 보니 100권을 훌쩍 넘었다. 정말 좋은 시간이었다.

누구는 정말 고통스럽고 다시는 하기 싫은 기억이 군복무 기간이겠지만, 나에게는 의식주에 대한 걱정없이, 무언가 이루고 싶다는 재색명리에 대한 욕심없이 단지 그저 공부하고 수양하고 때때로 연습할 수 있는 시기였다. 나는 어떻게 이러한 인연이 있었을까? 정말 감사한 일이었다.

그렇게 새벽에 일어나 아침밥하고, 수양하고, 청소하고, 또 밥하고, 운동하고, 샤워하고, 낮에는 전서를 보다가 창밖을 보고, 머릿속에 떠오르는 글들을 써보다가 창밖을 보았다. 그동안 뒷산은 녹음과 단풍과 눈꽃이 지나 다시 봄이 되었고, 즐겁게 전역을 하게 됐다. 그 소중한 21개월의 휴양의 기간을 통해서, 이 즐거운 전역은 앞으로 세상에 필요한 사람이 되기 위한 출발이 되었다.

세상에 필요한 사람

김제원 교무님을 찾아뵈었다. "기운이 좋아졌구나, 이제 전역도 하고 어떻게 살 것인가?"라고 물으셨다. 나는 생각했던 것 중 제일 그럴싸하고 멋있는 말씀을 드렸다. "우주 성리(性理)를 잘 활용해서 세상에 사는 사람들이 잘살 수 있도록 하겠습니다." 교무님께서 빙긋 웃으셨던 걸로 기억한다. 지금 보니 '내가 잘 모르면서 어려운 말을 했구나!'라는 생각이 든다. '대소유무의 이치를 따라 인간의 시비이해를 건설한다.' 바로 원불교 법위등급 출가위에 해당하는 설명이다. 고결한 성자의 길이지만, 그러나 내가 살면서 반드시 이루어야 할 길인 것이다.

전역하고 나서 역할이 조금 바뀌었다. 2년도 안되는 수양의 기간을 통해서도, 사람의 기운이 많이 바뀌고, 그래서 주위 사람들에게 긍정적인 호감을 줄 수 있었고 여러 기회를 얻을 수 있었다. 교당과 관련해서는 늘 받는 일만 많았지만, 받는 자의 입장에서 주는 자의 역할을 연습해 볼 수 있는 기회였다. 고원회 회장을 맡게 되었고, 학교에서도, 다른 곳에서도 곧잘 그런 역할을 맡게 되었다. 과 학생회에 주축으로 참여하였고, 서울시내 식품공학과 4개 대학 연합동아리에서 부회장직을 맡는 등 학생 신분으로 여러 일을 맡아 하면서 역량 향상을 위해 본격적으로 연습할 기회를 많이 얻었다. 강의 시간 때도, 강의에 열성으로 참여하여 교수님들께서도 좋게 생각을 해주셨다. 내 개인이 사회와 상호작용을 하면서 만든 긍정적인 결과는 나에게 자신감을 주었고, 원불교에 대해서도 더 큰 신심을 갖게 했었다.

전역 직전에 나는 내 출가에 많은 영향을 주신 또 다른 중요한 인연을 만났다. 바로 나의 박사학위 지도 교수님이시다. 지도 교수님과의 첫 만남은 이러했다. 개강 전에 복학을 준비하면서 살펴보니 2012년 1학기 군 제대 복학 신청은 3월 20일까지 제대자에 한했으므로, 나는 그냥 두면 2학기에 복학을 해야 하는 상황이었다. 나는 군대를 6월에 가서, 전역일이 3월 21일로 하루가 늦었기 때문이다. 그러나 1학기에 복학하기 위해, 당시 소속 단과대학 학장님께 내가 복학을 위해 이만큼 휴가를 남겨놓았고, 남은 휴가들을 학기 초에 잘 배분하여 휴가를 써서 수업을 다 듣겠다고 말씀드렸다. 학장님의 흔쾌히 허가해주셨고, 다음으로 학과 교수님들께도 메일로 공손히 미리 허가와 양해를 부탁드렸고, 모든 교수님께서 "얼마든지!"라고 답을 주셨다. 그리고 개강날이 되고, 아침에 자취방에 도착한 나는 첫 수업을 듣기 위해 전투복을 갈아입으려고 했으나 오랜만에 컴백하는 복학생의 품위를 지켜줄 예쁜 옷을 옷장에서 고르기엔 시간도 촉박하였고, 관심을 끌고 싶은 장난기도 발동해서 그대로 전투복을 입고 첫 강의를 들으러 학교로 향했다. 한 3분정도 늦었으므로, 나는 수강생들, 교수님께서 이미 모두 강의실에 들어와 있는 상태에서 전투복을 입고 문을 당차게 열고 들어갔고, 교수님께서는 "아, 네가 메일 보낸 학생이구나!" 하시면서 자기소개를 시키셨다. 자기소개를 대충 씩씩하게 잘했고, 원하는 대로 관심도 많이 끌었다.

이때 일으킨 약간의 화제로 복학생으로 데뷔를 성공적으로 한 나는 학과생활, 수업 참여 등 적극적으로 학교생활을 해나갈 수 있었다. 그것을 좋게 보셨는지, 학기가 끝나고 그 수업의 교수님께서 날 부르셔서 대학원에 진학해 본인 연구실에서 함께 공부해 볼 것을 권하셨다. 고위공무원 출신이신 교수님께서는 국가와 세계를 위해 사는 공직자의 삶에 대해서 많은 이야기를 해주셨다. 공중을 위한 비전과 사회적 품위를 모두 갖춘 공직자의 삶을 나는 충분히 동경하게 되었고 이후 대학원 진학을 마음먹게 되었다. 이분이 나의 지도 교수님인 우건조 교수님이시다.

전역하고 꾸준히 교당을 잘 다니지 못하였다. 교당 규칙을 모르고 어겨 교무님께 혼이 났었다. 당시에는 잘 이해할 수는 없었지만 그러하다고 하시니 교무님 말씀대로 하겠다고 말씀드리고 집에 왔다. 괴로운 마음에 눈물이 쏟아졌다. '교당 그거 안 가면 그만이고 그래도 가고 싶으면 다른 교당을 가면 그만인데.'라는 생각이 들 수도 있지만 굳이 죄책감이 느껴졌고 처음 겪는 이 일로 그 괴로운 마음에 눈물이 쏟아졌다. 그때 사은님께 물었다. "사은님, 저한테 뭘 시키시려고 이러십니까. 뭘 시키시려고 이러십니까." 담담히 정리하려고 했지만, 그러나 그 인연에 끌리는 힘을 뿌리칠 수가 없었던 탓에 교무님을 속이고 교당을 다니게 됐다. 존경하는 교무님께서 이끄신 마음공부학사 마련과 운영 등의 성자적 사업을 내가 흐트러뜨리는 것에 대해서 죄송한 마음도 컸고, 혼나서 다시 뵙기 민망한 마음도 있어 더 슬슬 교당을 다녔던 것 같다. 이후 속인 것을 들켜서 한 번 더 많이 혼나긴 했다. 그다음부터는 반성하는 마음으로 교당에서 내가 해야 할 일들을 조금씩 맡아갔다. 그러나 이후에는 이 일로 인해 내 마음속에는 스승에게 더욱 신성을 바쳐야 한다는 원칙을 형성하게 되었다. 이미 저렇게 혼내고도 제자를 사랑하시는데, 내가 드릴 것은 신성인 것이다.

우건조 교수님께서 장학과 여러 혜택 제공을 약속해주셨기에 나는 더 생각하지 않고 고려대학교 대학원에 진학했고, 그 덕에 대학 졸업 후에도 안암교당을 이어서 나올 수가 있었다. 그러나 대학원 일과가 당연히 헐렁한 것은 아니었고 체력적, 심리적으로도 힘들어 1년 차, 2년 차 때는 교당을 잘 나오지 못하였다. 그래도 주위에 살았기 때문에 법회를 꾸준히 나가면서 더 깊게 공부할 수 있었던 것은 지금 생각해 보니 이 출가에 대단한 영향을 끼쳤다. 이후 박사과정까지 선택하게 되었기 때문에 더욱 시간이 있었다. 대학원 입학 3년차 때는, 원불교 100주년 기념대회가 있었다. 이때 행사에 참여해서 대중들이 운동장에 모여 기념대회에 함께 하는 것에 감격해 눈물이 흘렀었다. 야유회의 느낌으로 멋 부린다고 밀짚모자와 선글라스를 껴서 주위 사람들은 몰랐겠지만, 눈물이 나오면서, 이제 원불교 2세기에는 이 회상에 내가 뭘 해야 하나 하는 생각이 들었다. 이때의 이 마음이 공부심을 더 끌어냈던 것 같다.

교수님께서 우리 연구실에 김옥균 선생이 쓴 '세심헌(洗心軒)'이라는 현판을 걸어 놓으셨고, 나는 그 콘셉트를 만끽하였다. 마음을 씻는 집, 바로 마음공부 도량이라는 것이다. 대학원생으로서 학문적인 성취를 이루고, 동시에 인격적으로도 잘 성숙하라는 교수님의 뜻이었다. 대학원 공부도 흥미로웠지만, 지도교수님의 눈을 피해 시간 날 때마다 원불교전서와 원불교 관련 서적들을 읽는 시간이 참 좋았다. 읽고 생각해보고, 질문하고, 느낀 점과 깨달은 점을 종종 문자로 교무님께 말씀드렸다. 김제원 교무님께서는 항상 자상히 답을 해주셨으므로, 이 문답을 통해서 교리를 더 깊게 이해할 수 있었다. 어느 날은 한 가지 깨달은 점을 말씀드리니, 김제원 교무님께서 출가를 한번 생각해볼 것을 권하셨다. 처음 있는 일이었다. 그 말씀을 들으니 말썽 피우고 본인을 속이던 제자가 이미 정떨어져서 멀리하진 않으실까 하던 나의 걱정이 바로 덜어졌다. 이러한 이유로 그 말씀을 듣고 상당히 기뻤다. 그때도 출가라는 옵션은 인생에 없었지만 잘 훈련된 수행자로서 성자의 모습을 이루면서 현실 속에서 맡은 일을 잘 해내며 살아가는 것은 멋진 일이라고 생각하게 되었다.

출가를 마음먹은 것은 그 다음해 여름이었다. 교수님께서 나에게 청담의 한 레스토랑에서 식사하자고 하셨다. 특히 용모를 더욱 단정히 하고 오라고 하셨다. '아, 여자구나.' 직감적으로 알았다. 덧붙여 말씀하셨다. "내 딸이 곧 출국해야 하니 이번 주밖에 시간이 없겠다." 당황스럽지만 그렇게 짐작되어 우선 나갔고, 그렇게 소개를 받았다. 원불교에서 스승을 모시는 몇 가지 법문을 떠올리며, 수학기간 동안 조교로서 교수님을 신의로 잘 보좌해드렸던 것을 상당히 좋게 봐주시고 제자로서 아껴주셨던 것이고, 내가 한식구까지 되면 좋겠다는 것이었다. 집에 돌아온 나는 전성욱 교무님과, 김제원 교무님께 이러한 일이 있었다고 말씀드리고 내일 면담을 신청하고 씻고 누웠다. 교수님은 사모님도 교수님이시고, 교수 집안에서 태어나 또 교수를 하는 분이셨다. 강남 청담동에 살고 있고, 가진 소유재산도 본인이 벌어서만 가진 것보다 많이 있으셨다. 거기다가 자녀는 해외 대학에 유학 중이고, 결정적일 수 있는 조건으로 미모가 모자라지 않았다. 또 교수님께서 고위공무원 출신이시니 앞으로 내가 공직자로 나아간다면 그 진로에 긍정적인 영향을 주실 수 있으신 분이었다. '그래, 내 성품에 허튼짓 안하고 이대로 성실히 산다면, 적당히 좋은 차 끌면서 잘 살겠지, 적당히 존경받고 살겠지.' 싶었다. 그러나 그게 일생일대의 기회로 느껴져 설레기보다는, 인생을 다 살아버린 느낌이었다. 재미가 없었다.

세상엔 도움을 줘야 할 곳이 많다. 그중에서 누구나 가고 싶어 하는 곳이 아닌, 사람들이 가기 싫어하는 곳에 내가 가야겠다는 생각이 들었다. 그 생각 끝에는 '그래, 출가하자.'가 되었다. 결정하고 보니 '우와! 출가는 반드시 깊이 고민하고 결정해야 신성할 것 같은데 내가 이렇게 결정해도 되는 건가? 나는 출가해도 되는 사람이겠지? 그래, 역시 출가하자.'라는 생각이 들었다. '아닌가? 그래도 출가를 결정하는데 밤새 고민을 좀 더 해야 사은님께서 받아주시지 않을까?' 싶었지만 그러고 푹 잘 잤다.

다음날 김제원 교무님을 찾아뵙고 면담을 하였다. 아직 출가 이야기를 드리지 않았으므로, 교무님께서 이런저런 현실적인 문제나, 본인이 마음이 있다면 앞으로 해야 할 처신을 알려주셨다. 이번엔 내가 빙긋 웃고 있었다. 교무님 말씀을 다 듣고 나서도 안가고 있으니까 교무님께서 짐작을 하셨던 것 같다. 내가 마음속에 있던 말을 꺼냈다. "교무님, 출가는 어떻게 합니까." 그렇게 나는 세상에 필요한 사람이 되기 위해 출가자의 길을 선택했다.

출가자의 길

만약 대학을 졸업하고 바로 취업을 하였거나, 다른 지역의 학교로 진학을 하게 된다면, 교당과 원불교는 나의 젊은 시절에 하나의 추억이 되었을까? 내가 출가자의 길을 갔을까?

박사학위를 한참 하던 상황  이어서, 개인적인 욕심과 공적인 활용에 대한 기대가 있어서 박사학위를 받고 출가하는 것으로 방향이 정해졌다. 학위가 바로 쉽게 뚝딱뚝딱 나오기에는 나의 재질이 그렇게 뛰어나게 총명하지는 못하였기에 몇 년의 대학원 수학시간이 더 필요했었다. 그동안 교당에서는 교화단 단장, 청년회 부회장 등을 맡았다. 훌쩍 졸업해버린 선배이지만 고원회에도 손을 내줄 땐 함께했다. 내가 처음에 안암교당에 왔을 때는 한발 쭉 빼고 다녔었다고 했다. 교당에 공부하는 청년들 보니, 교화단이다 사업부다 왜들 이렇게 일을 귀찮게 하고 복잡하게 하나 했다. 교무님 말씀 잘 듣고 마음공부나 조용히 알아서 하면 될 것을. 각자 사회에서 하는 일이 얼마나 바쁘고 연마가 필요한데 여기까지 와서 진을 빼고 열을 내나. 말도 안 듣는 사람들 데리고 일한다고 고생이 많다. 이런 생각이 들었다. 그런데 이 마음이 바뀐 것은 우리가 하는 이 공도 사업과 법동지간 인연의 중요성을 드디어 깨닫고 나서였다. 내가 일생을 두고 선택한 가치를, 함께 해주는 동지들이 정말로 고마웠다. 이시기 동안 안암교당 청년회와의 인연을 더 깊게 느끼게 되었다. 대학에 입학한 2008년도부터 지금인

2020년까지, 10대 후반과 20대 전부까지의 내 청춘을 돌아보면, 사회에서는 전공하는 학문의 박사가 되고, 여러 훌륭한 사람들을 사귀고, 또 국가와 사회를 위해 봉사할 수 있는 뜻깊은 직장도 얻었다. 그러나 고원회와 안암 청년회야말로 20대의 가장 큰 공부, 큰 사업이었다. 대학의 인연은 4년이고, 대학원도 주로 석사과정 학생들은 2년의 인연밖에 되지 않았다. 그러나 안암교당 청년회는 10년의 인연들, 이 청춘의 시간을 살아오면서 가장 에너지를 많이 들인, 또 가장 많이 영향을 주고받은 인연들이 있는 곳이다. 지금도 청년회원 중에는 정성과 능력이 뛰어난 분들도 많이 계시고, 그분들을 통해 모자란 점을 많이 배운다. 내가 선택한 가치를 끝까지 밀고 나갈 힘이 있을까? 이 원불교의 가르침이 모두가 가치 없다, 아니라고 주장하는 사회에서는 나는 그렇게 하지 못할 것이다. 그러나 우리가 옳다고 생각하는 그 가치와 정신을 공유하고 함께 단합할 수 있는 청년들이 있기에, 나도 공도사업에 투신하는 출가자로서 해나갈 수 있다는 용기를 얻은 것이다.

특히 매년 교당의 전 교도가 힘을 합쳐서 '조화로운 인재양성을 위한 국제마음공부 학사' 마련 바자회 등의 사업을 해내고야마는 모습을 통해 깊은 감동을 받았다. 이 학사가 반드시 지어져서 앞으로 세상을 살릴 수많은 인재들이 찾아오는 곳이 되기를 소망한다.

이런 교당 분위기 속에서 나는 공(公)에 대한 신념을 세우게 되었다. 청년회 모두가 공을 위한 공부를 하고 있었고, 나도 청년회장단을 통해서 공과 사(私)가 상충할 때 공을 먼저 취하는 훈련을 할 수 있었다. 청년회장단 모두의 책임감과 희생정신에 나도 많은 감명을 받았고, 나도 출장지에서 밤을 새워 새벽에 일정을 겨우 마치고도 KTX를 타고 와서 몇 시간 뒤의 회장단 회의에 오기도 했다. 몸은 고되지만 마음은 참 즐거웠다. 그러면서 진짜 공이 무엇인지, 그 진짜 공과 함께 서있는 그 사람이 되면 어떠한 위력이 따르는지도 가늠이 되었다. 이것은 참 큰 소득이었다. 이 법동지들과의 소중한 인연들 덕택에, 진세의 사사로운 많은 욕심들을 다만 다른 욕심으로써 조금 덜었던 것이 나의 마음을 조금이나마 맑혀서, 이 공부, 이 사업을 위해 출가하겠다는 마음을 마침내 낼 수 있었다.

지금 가까운 가족인연들이 이 인연들이 아니었으면 내가 출가를 할 수 있었을까? 장남으로서 가족에 대한 염려도 있을 법하지만, 부모님 덕에 마음을 정할 수 있었다. 출가하는 데에 있어, 부모님께 효도를 어떻게 하여 인간을 도리를 다하느냐 하는 것도 당연히 고민이 되기 마련이다. 그러나 부모님 두 분 모두 교사이시고, 현재 크게 빚이 있는 것도 아니고, 천성이 도박과 향락을 즐기지 않으시고 건강에도 큰 무리가 없는 상황이다. 퇴임 후 연금이 있으니, 그 노후에 비록 단출하지만 품위를 지킬 자력이 충분하시니 참 감사했다. 이런 상황이 아니었으면, 내 수준에 이것 때문에 출가를 못한다고 하지 않았을까? 그러나 그렇게 하지 않아도 되는 게 참 신기했다.

나는 아직 내 운명을 가늠하는 것에도 수(手)가 얕고 심사가 부족하지만, 굳이 일부러 짐작해서 기대해보면, 부모님께서 내가 성자가 되도록 얼마나 도와주시려는 인연이셨으면, 원불교로 데리고 와주시고, 또 내가 공중사(公衆事)에 매진할 수 있게 평생 살아갈 자력을 스스로 마련해놓으셨는지, 숙세에 미리 준비하여 주신 게 아닌가 싶다. 출가의 결정까지 주위에서 참 친근한 도움을 많이 받았다. 부족한 내가 지금까지 수생(受生)하며 미약한 수완으로 겨우 약간의 복과 지혜를 마련하였던 것이, 이생에 내가 공도에 참여할 수 있도록 이끌어주는 인연들로 나타난 것으로 생각이 든다. 이렇게 나를 도와주고 계시니, 이제는 그에 은혜를 갚아야겠다는 더 무거운 책임을 지고 나는 성자를 이루기 위해 살겠다고 다짐한다.

🌸 인생이란, 원래 그런 것

한 영혼의 여행을 조용히 들여다보면, 그 여정은 그 한 영혼만의 결정은 아니다. 한 사람이 태어나서 주위와 상호작용을 하며 인생을 살아가고, 복도 짓고 죄도 짓는다. 그렇게 그 영혼을 둘러싸고 있는 수많은 인연이 만들어져 함께 하는 것이다.

그때 만약, 엄마가 나를 원불교 교당에 데리고 가지 않았더라면,

그때 만약, 내가 원하는 대로 모든 결과를 얻었다면,

그때 만약, 삼성 유조선의 침몰이 없었더라면,

그때 만약, 대학 때 굳이 안암교당을 찾지 않았더라면,

그때 만약, 군 시절에 원불교전서를 4번이나 볼 수 없었더라면,

그때 만약, 교무님이 혼내서 아쉬울 것 없이 교당을 떠나는 것을 선택했더라면,

그때 만약, 내가 대학원을 가지 않았더라면,

그때 만약, 교수님께서 나에게 그런 말씀을 하지 않았더라면,

그때 만약, 그렇다고 출가에 대해 그렇게 편하게 생각을 하지 못했더라면,

그때 만약, 부모님께서 자력이 없으셔서 나의 도움이 필요하셨다면,

그때 만약, 스승님들께서 자상히 가르쳐주시지 않았더라면,

그때 만약, 여러 법동지들의 신념이 함께 하지 않았더라면, 내가 출가할 수 있었을까?

이 수많은 인연은 또 모두 그 전의 수많은 인연으로 이루어진 것이다.

그 인연 속에서, 나는 출가한다.

만 생령 품는 전무출신 되어

나는 교화(敎化)보다 교화(敎花)란 말이 더 좋다. 대종사님 법을 심어 마음에 꽃이 피어나게 하고 평화가 오게 하는 것, 그런 교화 말이다.

🌸 엉킨 실타래

군대 가기 전 대학시절, 나는 철이 없어도 너무 없었다. 대학교 2학년 때, 9개월 정도는 하루도 빠지지 않고 술을 마셨고, 밴드활동에 빠져 학사경고를 받을 뻔한 적도 있었다. 밴드부 후배와 사이가 틀어져 동아리에서 쫓겨날 뻔한 적도 있었고, 또한 집에서도 부모님께 감사는커녕 요구만 하며 부모님과 싸우기 일쑤였다. 무슨 일이 벌어지면 매사에 내가 옳고 너는 틀렸고, 나는 착한데 네가 나빠서 이런 상황이 벌어졌다고 남 탓하기 바쁜 시절이었다.

그렇게 대학교 2학년을 마치고 도망치듯, 쫓기듯 군대에 갔다. 군 생활하는 동안 이런저런 일들이 많아 인연 관계나 인생에 대해 많은 생각을 하게 되었다. 전역 당일에 집에서 자려고 누웠는데 지나온 인생이 갑자기 주마등처럼 지나가기 시작했다.

지나온 인생을 돌아보니 눈물이 나고 후회가 물밀 듯이 밀려왔다. 밴드부에 빠져 성적표엔 F학점이 보였고 전공공부도 소홀히 했고, 졸업까지 2년밖에 안 남았다는 사실이 나를 막막하게 했다. 취업을 걱정하고 있지만, 준비는 전혀 되어있지 않는 자신이 미웠고, 동아리 후배들과의 관계도 좋지 않아 복학하여 학교생활을 한다는 게, 마치 이리저리 엉켜있는 실타래처럼 느껴졌다. 가슴이 답답했고 나도 모르게 눈물이 났다.

🌸 안암교당을 가다

그렇게 얼마나 가슴을 치며 울었을까. '내 인생을 다시는 낭비하지 않겠다'라는 다짐이 생겼다. 그래서 정기적으로 할 수 있으면서, 나의 발전에 도움이 되고, 시간 낭비도 아닌 것은 무엇이 있을까? 심사숙고해보니 어릴 적 다녔던 원불교가 떠올랐고, 어머니가 청년법회는 안암교당이 유명하다며 가보라고 하셨다.

보산 김제원 교무님의 설법을 처음 듣던 날, 단회 때 무릎을 탁! 치면서 '이거다. 내가 원하는 것이 이것이다.'라며 좋아했다고 당시 나의 단장님이 훗날 이야기 해주었다. 한 달 뒤, 보산님을 개인적으로 찾아뵈어 불안한 나의 현재 상태와 미래에 대해 상담을 받았다. 그런데 보산님께서는, '너라는 존재가 일원상(一圓相)이고 부처라고 하면서, 너는 뭐든지 할 수 있는 존재'라고 하셨다. 의아해 다시 물었다. '내가 무슨 그런 존재냐?'고 하니 '네가 예전에 했던 행동들을 돌이켜 봐라, 너 스스로가 너를 믿을 수 있겠니?' 하시며 꿀밤을 때리셨다.

그리고 밴드부 후배 관련 내용은 다 들으시지도 않고, 말을 끊으시며, '네가 먼저 가서 90도 허리 굽혀 사과해라.' 딱 한마디 하셨다. 잘 잘못을 가리지도 않았고 모두를 살리는 길을 가르쳐주셨다. 잠시 멍하게 있는데 속이 시원해지는 걸 보니 내가 듣고 싶은 말이었나 보다. 그리고 마음의 무릎을 꿇었다. '스승님으로 모셔야지!'라는 다짐이 챙겨졌다.

공부 길도 다시 잡아주셨다.

"너는 남들이 1시간 할 때 너는 2시간 하고, 남들이 2시간 할 때, 너는 4시간 하고, 남들이 4시간 할 때, 너는 8시간 해라. 앞으로 한만큼 거둘 것이니 걱정하지 말고 이제부터라도 열심히 해라."

얘기를 마치고 일어서려는데, '너 돈 있냐? 돈 있으면, 가다가 빵 사먹어라.'라고 말씀해 주시어 한바탕 웃음이 터져 나왔다. 온몸과 마음이 맑아지는 느낌이었다.

'그래! 이제 잘살아 보자.'라는 다짐에 다짐을 하며 나로 인해 아픔을 가졌던 모든 분을 찾아가 일일이 사과했다. 한 명을 제외한 모두는 사과를 받아주었다. 그중에 한 명은 '이제 와서 왜 이래?'라며 사과를 받아주지 않았다. 보산님은 사과를 받아줄 때까지 불공(佛供) 하라고 하셨지만, 나는 다시 사과할 용기가 안 나서, '이제는 힘들어 못하겠다.'라고 말씀드리니, '너는 아직도 참회할 마음이 없구나, 남 눈치 보지 말고 너는 정의행만 하라.'며 나무라셨다. 그래서 정말 덜덜 떨며,

여러 차례 진심을 담아 다시 사과하였고, 다행히 받아주어 마무리가 되었다.

공부의 경우, 평일에는 평균 4시간에서 5시간 사이로 잠을 줄여가며 공부했고, 1년 중 약 70일 정도는 아예 밤새워 공부했다. 지성이면 감천일까? 과 수석과 친해지게 되었는데, 나의 부족한 공부를 성심껏 도와주었다. 5학기에는 16번의 시험 중 8번은 1등을 하였다. 계절학기 수강과 부단한 노력을 통해 졸업학기 때쯤에는 CGPA가 괜찮은 수준으로 많이 올랐고 대학원 인턴도 6개월 정도 하면서 내 미래를 나름대로 준비하였다.

청년회

안암교당 청년회는 회장단부터 남다르다. 처음엔 다들 너무 열심히 하니 신기하고 의아했다. 다녀보니 이내 곧 의문이 풀렸는데, 청년회는 정말 재밌다. 법회가 끝난 후 갖게 되는 단회 시간에 서로 가진 고민을 털어놓으면 대종사님 교법에 따라 함께 공감해주고 문제해결의 방향을 제시해 주니 때로는 웃음으로 때로는 큰 위안으로 다가오는 재미와 감동의 시간이었다.

교당에 다니면서 처음 만난 4단 L단장님은 나를 친동생처럼 잘 챙겨주셨다. L단장님은 보산님께 고민이나 인생 방향에 대해 상담을 하는 것이 참 좋다며 많이 찾아뵐 것을 권유해주었고, 서로 법 이야기도 자주하며, '현종이는 꾸준히만 법회에 출석하면 나중에 더 잘될 것 같으니 부담 갖지 말고 차분히 한 걸음 한 걸음 걸어가라.'며 격려해 주어

당시 힘들었던 나는 큰 힘을 얻을 수 있었다.

청년회는 매주 수요일마다 설법을 듣기 전 교전공부를 함께 했다. 대종경을 봉독하고, 법문에 대한 감상을 자신의 삶에 대조해 회화하는 시간이었다. 회화를 하다 보면 어느새 스트레스는 저만큼 달아나 있고 나도 모르는 행복감이 차오르는 느낌이 드니, 이날이 일주일 중에 제일 좋았고 가장 기다려지는 시간이었다. 교전공부를 함께하는 도반들이 얼마나 열심히 인생을 살아가는지, 도학공부를 빠지지 않고 마음 챙기면서 하는 모습들이 정말 멋있고 본받고 싶다는 마음이 절로 나는 시간, 나의 공부심을 자극하는 시간이었다.

그 해, 11월부터 교화단 1단 중앙과 인터넷교화사업부 임원을 맡게 되었다. 나의 두 번째 1단 L단장님은 스승님과 법에 대한 신심이 커, 교당에서 하는 거의 모든 기도식과 행사에 참여하였고, 고민이 있으면 항상 스승님을 찾아갔다. 그리고 특히 단원들을 정말 잘 챙기며 교화하였다. 처음 하는 중앙의 책임이라 많이 부족했을 텐데, 나의 여러 가지 의견에도 짜증 한번 없이, 존중해주고 이해해주어 정말 많이 배우는 감사의 시간이었다.

청년회 임원은 결국 주인의 마음으로 공부하고 교화하자고 있는 것인데, 임기가 끝나고 보니, 대종사님 법을 단원들에게, 주위 인연에게 소개하면 소개할수록, 사실은 내가 대종사님과 더 가까워지고, 내 공부가 더 깊어지는 것이 느껴졌다. 제일 은혜를 많이 받은 건 나였구나! 돌아보면 행복하고 바라보면 즐거운 나의 모습이다.

법에 물들다

보산님은 훗날 기타를 치면서 교화를 하고 싶다고 하셨다. 마침 내가 밴드부에서 기타 세션을 담당해, 7월부터 10월까지 매주 하루에서 이틀정도 1시간 동안 기타치는 방법에 대해 알려드렸다. 기타를 같이 치면서도, 어떤 날은 같이 밥을 먹기도 하였고, 어떤 날은 당신이 출연하는 원음방송 수요마음공부방을 TV로 함께 보시다가 나에게 '참 그 놈! 누군지 몰라도 말 되게 못되게 하네, 그려~ 그렇지 않냐?' 하시곤 했다.

그리고 때때로 보산님은 법 이야기와 인생을 어떻게 해야 잘사는지 알려주셨다. 그중 가장 기억에 남는 일화는, 현충일에 나는 현충원에서 봉사 활동을 하고, 학교공부를 하고 운동을 하니 피곤해, 깜빡 잠이 들어 수요마음공부방에 빠지게 되었다. 이 사실을 알게 된 보산님은 크게 꾸중하셨다.

"네가 거기 가서 조금 착한 척 한다고 세상의 무지와 가난과 질병이 사라지냐? 너는 지금 공부할 때야. 작살로 물고기 한 마리씩 잡을 때가 아니고, 큰 그물망을 튼튼하게 잘 만들어서, 한꺼번에 수천 마리의 물고기를 잡아 올려야 해. 그러니, 앞으로 봉사활동 한다고 시간 쓰지 말고, 과학으로는 박사학위, 도학으로는 견성해서 세상을 상대로 더 크게 놀아라. 조그마하게 놀지 말고." 봉사활동 했다고 혼나기는 처음이었다. 그리고 꿀밤을 또 맞았다.

매주 기타를 알려드리고, 수요마음공부방, 청년법회를 빠지지 않고 가니, 일주일에 3, 4일은 교당에 가게 되었고, 매일 학교까지 1시간 정도의 통학 때 원불교 전서를 읽으며, 법에 조금씩 조금씩 물들어가는 나를 보게 되었다.

전서를 읽으면서 궁금했던 것이 정말 '불생불멸(不生不滅)'과 '인과보응(因果報應)'이 있을까? 자신의 전생을 스스로 볼 수 있다면, 저 의문은 해결되겠지? 그래서, 전성욱 교무님께 '어떻게 하면 스스로 전생을 볼 수 있냐?'고 여쭤보니, '수행을 많이 하면 볼 수도 있는데, 일단 진리를 완전히 믿는 것이 중요하니, 한 번 믿어봐!'라고 말씀하셨다. 아! 진실을 알려면 일단 믿음이 있어야 하구나. 그래! 이제부터 한 번 제대로 믿어보자!

안암교당에서 살다

보산님이 연말 교당행사와 이임 준비로 바빠 교당 일을 도와주면 좋겠다 하셔서 겨울방학동안 교당에서 살게 되었다. 어느 날 대각전에서 문득, 법위등급 중 최상등급인 대각여래위는, 대각여래위=부처=예수=신(神)=우주=사랑의 의미로 받아들여졌다.

법위등급에 대각여래위를 기재했다는 사실 자체가 나 같은 중생도 훈련을 통해 온 인류의 숭배를 받는 성자가 될 수 있다고 말씀하시는 거잖아? 우리 모두를 신으로 만들려고 하신 거야? 대종사님 정말 제대로 미친 분이구나!

그래서 보산님께 이런 감상을 말하니, '참나가 사실 '신'이야, 사람들은 참나가 무엇인지 모르고 산다.' 하셨다. 핸드폰을 가리키며 '이게 난 줄 알고 열심히 공들이고 살았는데, 사실 알고 보니 진짜 나가 아니었어봐? 죽을 때 얼마나 허망하겠냐?' 그 말씀 끝에 출가(出家)를 권유하셨다. 갑자기 삶과 죽음의 길이 혼돈의 모습으로 다가왔다. 내가 갈 수 있는 길일까?

곧이어 안암교당에서 주최하는 <7일간의 출가여행>에 나섰다. 일주일간 영산성지 산행, 하루에 4번 좌선, 경전, 강연, 회화, 사경, 설법, 감상담 발표의 시간이 이어지면서 마음은 점차 말랑말랑해져 감을 느꼈다. 출가여행을 마치는 날 마지막 밤, 원불교 전서에 적힌 말씀이 정말 사실이라면 나는 출가할 수밖에 없겠다는 생각이 들었다. 원불교를 모르는 사람들이 얼마나 많은데, 그리고 교무님들도 하고 싶으신 것이 많으셨을 텐데, 우리를 위해 고생하시는 모습이 마치 하늘에서 내려온 천사같이 느껴졌다. 하지만 출가의 길과 재가의 길 사이에서 생각이 깊어지고 고민이 많아졌다. 같은 과 지인이 박사학위를 받고 S전자 연구소로 들어가 초봉을 1억 넘게 받는다는 소리를 들으니, 나도 머리가 나쁜 편은 아니니 열심히 공부해 박사학위를 받아, 어차피 많이 버니깐 연봉의 반을 교당에 매년 기부하면 되지 않나? 교단도 돈 필요하잖아. 돈이 있어야 교화를 하든지 뭘 하든지 할 것이 아닌가?

대종사 말씀하시었다. "전무출신이 돈을 벌어서 중인을 이익 주리라 생각하면 남을 이익 주기는커녕 자기 공부심까지 떨어져서 필경 나와 갈리게 될 것이다. 자기 수중에는 일푼도 없는 사람이 무슨 큰 공심이나 난 듯이 설치고 다니다가 실패하면 회중에 오지도 못하고 나와의 인연도 끊게 될 것이다. 그런즉, 그대들은 당초에 안 가진 물질로 사업하려고 애태우지 말고 창립 요론 11조로 얼마든지 공덕 쌓을 길이 있음을 알라. 거듭 말하거니와 전무출신은 결코 돈 벌어서 중인 이익 주려는 생각은 하지 말라."   - 대종경 선외록 12. 은족법족장(恩族法族章) 6절하지만, 대종경 선외록에서 마침 관련 법문을 보게 되었고, 나한테 꼭 말씀하시는 것 같아 마음이 불편했다. 그래서 박세훈 주임교무님께 여쭤보았다. 그러자, 교무님께서 올바른 전무출신 1명이 교당 10채 지은 것보다 더 낫다며 출가를 권하셨고, 혼자 곰곰이 생각해보니 교당 짓는데 한 20억 정도 든다고 하면 10채면 200억 정도니깐, 내가 아무리 많이 벌어도 이번 생에는 이 정도는 못 벌겠다 싶어 출가에 대한 마음이 점점 커지기 시작했고 생각이 기울기 시작했다.

또한 초기 선진님의 구도역정기(求道歷程記)-'함께한 서원의 세월'을 읽는데 제타원님의 일화가 내 마음을 울렸다. 농사도 안 지어 본 제타원 법사에게 과수원 일을 주었고, 또한 그곳은 밤에는 빨치산이 나와 위험했고, 또한 남자 인부만 있는데 여자 혼자만 가니 하기 어려울 것 같아, 정산종사님께 찾아가 못하겠다고 하니, 정산종사께서 '가서 죽어라!'라고 말씀하시는 게 아닌가. 가서 죽어? 가서 죽으라고? 아! 가서 죽는 게 전무출신 정신이구나. 힘들어도 가서 버티고, 버티다가 못할 것 같으면 쓰러지고, 쓰러지는 것조차 못하면 거기서 그냥 죽어버리는 게 전무출신 정신이구나. 그 신념이 정말 멋있어서 지금까지도 기억 속에 남아있다.

또 형타원님이 학생들을 향하여 '세상은 무대요 인생은 배우와 같다. 나는 어떤 역을 맡을 것인가 생각해보자. 조개가 달을 보고 진주가 되듯이 높은 이상을 지니고 정성으로 생활하자.' 라고 말씀하신 구절을 보고, 정말 감탄하지 않을 수 없었다. 물론 나는 이분들의 수준에 훨씬 못 미친다는 것을 알지만, 열심히 따라하고 쫓아가면 다다를 수 있는 길이 보이기 시작했다.

또한 보산님이 추천해주신 대산종사법문 1·3집, 대종사님 그때 그말씀, 대종경 선외록, 구도역정기, 한울안 한이치에, 대종사님 은혜속에, 예화집 등을 읽고 난 결론은 원불교는 나에게 정법회상(正法會上)이고 원불교의 가르침은 무상대도(無上大道)였다.

다른 생각이 일어나지 않고 오로지 출가의 한길로 오롯이 가리라는 한 생각만 일어났다.

🌸 전무출신 서원

겨울방학이 끝나고 안암교당에서 집으로 돌아와, 내가 왜 출가를 해야 하는지 그리고 무엇을 얻고자 하는 것인지, 내가 가고자 하는 길이 무엇인지 정리해 보았다.

1. 대산종사님 말씀 따라 이런 전무후무한 회상을 만났을 때 인과와

영생에 대해 확실히 체를 잡아놔야 영생길이 좋다.

2. 성품은 내가 원하고 원하지 않고, 옳고 그르고, 좋고 나쁘고를 떠나 우리의 본질이며, 마음고향이다. 고향 찾아가는데, 이유는 필요치 않다. 빨리 나의 본질을 받아들여 견성하고 성불하고 제중하고 싶다.

3. 모두가 하나인 일원의 진리를 깨닫지 못하면, 이해, 용서, 배려, 사랑은 그저 흉내 내기에 불과하다. 오른손이 다치면 왼손이 가서 약 발라주는 게 당연하다. 당연한 행위를 했기 때문에 상(相)이 없고 진정한 무심이다. 왼손이 오른손에게 욕을 하거나 오른손이 잘못했다고 오른손을 잘라버리면, 분명 왼손은 제정신이 아닐 것이다. 일원의 진리를 깨치면 누군가를 돕거나 사랑하는 것이 종교적으로 혹은 도덕주의적 학습적 사고로 혹은 의무감에 기초하여 하는 것이 아니라 말 그대로 너무 당연하고 자연스럽기 때문에, 절대 사랑을 할 수 있구나. 나도 그 길을 가고 그 일을 하고 싶다.

4. 모든 일이 사은님의 완벽한 계획 속에서 일어남을 확철대오(廓徹大悟)해야 절대 감사할 수 있다.

5. 마음을 마음대로 사용할 줄 안다면 신의 권능을 받은 것이나 다름이 없다.

6. 세상 사람들은 인과와 영생을 몰라, 나중에 눈물 흘리고 가슴을 치며 업을 다시 받는다. 그들에게 대종사님 법으로 감수불보(甘受不報)하는 자세와 복 짓는 지혜의 방법을 전해, 영생사를 올바르게 이끌고

싶다.

7. 삶은 영원하지만, 인생은 짧다. 그러기에 가장 가치있는 일을 하고 싶으며, 이번 생은, 출가를 통해 영생토록 행복의 길을 가고 싶다.

8. 다음 생에, 한국에서 태어나지 못할 확률이 높은데 그렇다면 아직 세력이 미약한 원불교를 다시 만나기 어렵다. 이번 생에 출가 못하면 다음 생은 기약하기 어렵다. 그래서 이번 생에 출가를 통해 확실히 인연을 걸어놓아야 다음 생에도 원불교 회상에 들어와 출가할 수 있을 것이다.

9. 성인이 하신 말씀은 결코 과장되거나 축소하는 것 없이 딱 사실 그대로를 말씀하신다고 생각한다. 나는 부처가 되려면 한 500생은 해야 하는 줄 알았다. 그런데 이 법문을 보니 다섯 생만 하면 되는데, 그중에 사업으로 인해 부귀향락에 주저앉지만 않으면 부처 될 수 있다고 하시니, 그러면 미룰 것 없이 바로 이번 생부터 앞으로 다섯 생 출가하기로 마음먹었다.

신제근(辛濟根)에게 말씀하셨다.
"다섯 생만 계속하여 수도하면 성불 못할 사람이 없다. 그러나 한 두 생 수도하고 남을 위하여 공도 사업을 하게 되면, 이로 인하여 복을 받게 되는데 그때 세간락에 빠지게 되므로 성불의 길을 놓치고 만다."
　　　　　- 한울안 한이치에 제1편 법문과 일화 2.심은대로 거둠 44절

10. 원불교가 지금 초창기여서 할 것도 많고, 교세확장에 힘을 기울

이고 있다. 그래서 내부적으로 전무출신 복지부분이나 용금을 잘 챙겨줄 수 있는 형편이 아니기에 현실적으로 많은 고민이 되었다. 하지만, 힘들 때 같이 하는 것이 가족이고, 지금 오히려 초기여서 내가 역량을 펼칠 수 있는 부분도 많을 것 같았다. 이미 다 완성이 되어있으면 재미없어서 안 가고 만다. 차라리 잘 되었다. 그리고 비록 원불교가 지금은 이렇지만, 앞으로 최소 1000년 뒤나, 2000년 뒤쯤에, 분명 원불교가 전 세계에 자리 잡고 있을 것이라는 확신이 있다.

11. 시대의 흐름에 뒤떨어지는지 검토해보았다. 보산님은 과거 음시대에는 야비하고 권위적이고 빙공영사(憑公營私)하는 사람들이 성공했다면, 양시대인 오늘날에는 청렴하고 덕이 있고 공심(公心)있으면서 '능력' 있는 사람이 환영받는다고 하셨다. 전무출신은 공부와 사업을 이사병행하여, '공부'를 통해 진리와 도덕을 배우고, '사업'을 통해 현실적인 인간사(人間事) 해결능력을 기른다. 전무출신이 시대의 트렌드에 뒤쳐지는 직업이 아니라, 오히려 너무 앞서가서 대중들이 아직 못 알아보는구나, 전무출신의 삶이 밝아지는 시대에 딱 들어맞고 괜찮다는 생각이 들었다.

이렇게 정리를 해보니, 출가하는 게 정답이겠다 싶었다. 그렇지만 바로 출가를 할 생각은 없었고 한 2년 정도 직장생활을 한 뒤 출가를 하고 싶었다. 이제부터 다섯 생 할 꺼니까 2년간 직장생활에서 번 돈으로 후회없이 놀아보고도 싶고 해외여행도 한번 갔다 오고도 싶고, 술·담배도 더하고 싶었다. 그리고 사회생활을 하고 전무출신을 하면 나중에 교화할 때도 더 설득력 있지 않을까? 라는 마음도 있었기 때문이다.

정리한 내용을 보산님께 말씀드리니, 처음 보는 따뜻한 웃음과 함께, 드시고 계시던 녹차 과자를 나의 입에 먹여주셨다. 그리고 벽에 걸린 화이트보드에 데려가시더니, 그 위에 큰 나무를 그리시고, 갑자기 나무 몸통에 빨간 '점'을 수 없이 찍기 시작하였다.

"이게 무엇 같으냐?"

"……"

"내가 찍은 것이 바로 '못'이다."

"지금 네가 2년간 하려고 하는 것들이 나무에 못을 박는 행위다. 그리고 출가를 통해 못을 다시 빼려고 하는 것이고. 그런데, 나무에서 이 못을 빼면 무엇이 남을까?"

"자국이 남습니다."

"그렇지, 자국이 남아, 상처가 남는다는 말이야. 뭐 하러, 박았다가 다시 빼려고 하냐? 그리고 그런 정신으로 전무출신 할 거면 그냥 하지 말아라. 나는 너랑 더 이상 할 이야기 없다."

"그러면, 1년만 하고 전무출신 하겠습니다. 각서 쓰겠습니다."

"안돼, 너를 못 믿는 게 아니라, '마음'이라는 것은 쉽게 변해. 대학교 졸업하고 바로 와."

그래도 미련이 남아, 6개월->3개월->1개월, 이런 과정을 거쳐 결국 대학교 졸업하고 바로 가는 것으로 결론지었다.

"그리고, 현종아 무엇 하러 다섯 생이나 수도해서 여래위로 가냐. 이번 생에 출가위, 여래위 해보자. 주세불 대종사님 교법 만났는데 못할 게 무엇이 있겠냐."

너무 놀라 속으로, '이 분 지금 진심인가? 내가 지금 잘못 들은 거 아니지?' 그때, 그래서 보산님의 눈을 봤는데, 그 두 눈에는 자신감과 진심이 가득 차 있으셨다. 물론, 내가 그 정도 근기나 실력이나 마음이 스승님의 정신을 따라가기에 턱없이 부족하지만 그래도 이런 분을 따라다니면 언젠가는 나도 부처가 정말 되어있지 않을까?

✿ 다시 서원(誓願)

전무출신 수시모집을 8월에 마치고, 마지막 8학기는 학교를 다니면서 동시에 안암교당에서 간사처럼 지내게 되었다. 같은 과 동기들은 막바지 취업준비에 열을 올렸고 혹은 대학원 진학을 결정하고 랩실에서 이미 연구를 시작하였다. 반면, 나는 전무출신으로서 남은 인생을 걸었다고 생각이 드니 서원을 하고서도, '정말 진리가 있는 걸까? 사실 내가 제정신이 아닌 사람은 아닐까? 대종사님이 다 거짓말하신 거라면? 우리 모두 속은 거라면?!' 생각에 생각의 꼬리가 계속 물고 나와 끙끙 앓을 정도로 머리가 핑핑 돌았다. '그래! 내가 너무 빨리 결정했어. 좀 더 심사숙고해야 했는데.' 아! 진리가 정말로 있다면 나 평생 간사로 살아도 상관없으니 누가 말 좀 해줬으면 하는 절박함이 가슴을 짓눌렀다.

청년 초대법회 날, 너무 마음이 불안하여 박세훈 주임교무님 방문을 두드렸다. "제가 얼마 전 전무출신 서원까지 했는데, 이런 말하기 부끄럽지만, 요즘엔 진리가 정말 있을지 걱정입니다. 혹시 제가 속은 게 아닐까요?"

"괜찮아. 당연히 간사 때 그런 생각이 들 수 있어. 현종교우가 이상한 거 아니야. 그런 고비는 누구나 찾아와. 나도 10년 전에 짐 싸서 나갈까 이랬는 걸? 그리고, 사실 내가 현종교우 볼 때 걱정이 많았어. 처음에 신심이 너무 많아서. 저게 분명 언젠가는 그만큼 내려올 텐데. 일단 한번 걸어가 봐. 만약 10년 뒤에도, 아니 언제라도 속았다는 생각 들면 찾아와. 내가 살아보니 전무출신 삶은 갈수록 좋아지고 갈수록 안정감이 있고 더 행복하다고 자신있게 말할 수 있네."

어느 날은 콤플렉스와 열등감에 대해 생각해보니, 콤플렉스는 마치 코에 걸면 코걸이, 귀에 걸면 귀걸이 같았다. 예를 들어 못생기게 태어났다면 매번 괴롭다가, 다음 생에 예쁘게 태어나면 다시 기분 좋아지고, 아니 계속해서 상황에 따라 변하는 행복이 무슨 소용이 있을까? 실제로, 성형해서 문제를 해결하더라도 에고(ego)는 항상 문제를 일으키는 것을 좋아해 늘 그래왔듯이 분명 또 다른 콤플렉스를 만들고 또 만들고 또 또 만들고 그걸 해결하기 위해 실상 무슨 노력을 하더라도 그것은 사실 문제를 안 보이게 가려지게 하는 것이 다지, 근본적인 해결책이 아니었다. 한 교우님과 이 문제에 대해 깊이 토론해보니 결국 '참나'가 사랑으로 가득 찬 존재임을 가슴으로 느껴야 이 모든 것들로부터 해방할 수 있구나, 자유로울 수 있구나.

교당에는 교무님의 식사와 전반적인 생활 살림을 책임져 주시는 나이가 지긋하신 K주무님이 계신다. 주무님은 항상 나에게 교무님들을 '모시며' 살 수 있다는 게 얼마나 행복한지 모르겠다 말씀하시며, 지극 정성으로 모셨다. 식사준비를 할 때도 반찬 하나하나 두는 위치와 방향까지 고민하시는 모습이 진심으로 교무님들을 존경하셨다.

어느 날은 내가 궁금해서 '원불교가 어떻게 그렇게 믿음이 가시냐?' 고 물으니, 아무 망설임 없이 '대종사님, 정산종사님, 대산종사님 같이 훌륭한 그런 분들 안 믿으면 나는 도대체 누구를 믿어야 하니?'라고 반문하셨다. '우와! 그렇지. 맞아. 이런 분들 안 믿으면 누구를 믿어야 하나. 또 한 수 배웠습니다. 감사합니다. 주무님!'하곤 했다.

가족

겨울방학 동안 안암교당에서 지낸 이후 어머니에게 조용히 여쭈었다.

"엄마, 교무 아들 어떤데? 나 교무하면 잘할 거 같지 않아? 교무라는 삶이 참 괜찮은 것 같은데…."

"무슨 안암교당은 출가 양성소니? 네가 무슨 교무야. 그 길이 보통 길인 줄 아니? 그냥 평범하게 살면 안돼? 왜 이렇게 특이하게 살려고 해?"

"엄마! 지금 눈에 보이는 세상이 전부가 아닌 거 같아. 더 넓고 심오한 영(靈)의 세계가 있는 것 같아. 진짜 잘 사는 게 뭘까 싶어!"

어머니는 반대하셨지만, 계속해서 간하고 또 간하고 하니, 어머니도 당신 나름대로, 다니고 계신 상계교당의 각산 김성근 교무님과 이야기해보며 마음을 돌리셨다. 그리고 나에게 대종경 제3 수행품 6장을 보여주시며 말씀하셨다.

"현종아. 사자 한번 잡아봐라. 토끼보다 놓치지 말고."

대종사 말씀하시기를 [사자나 범을 잡으러 나선 포수는 꿩이나 토끼를 보아도 함부로 총을 쏘지 아니하나니, 이는 작은 짐승을 잡으려다가 큰 짐승을 놓칠까 저어함이라, 큰 공부에 발심한 사람도 또한 이와 같아서 큰 발심을 이루는 데에 방해가 될까 하여 작은 욕심은 내지 않나니라. 그러므로 성불을 목적하는 공부인은 세간의 모든 탐착과 애욕을 능히 불고하여야 그 목적을 이룰 것이니 만일 소소한 욕심을 끊지 못하여 큰 서원과 목적에 어긋난다면, 꿩이나 토끼를 잡다가 사자나 범을 놓친 셈이라 그 어찌 애석하지 아니하리요. 그러므로 나는 큰 발심이 있는 사람은 작은 욕심을 내지 말라 하노라.]   – 대종경 제3 수행품 6장

또, 동생이 취업난에도 불구하고 다행히도, 졸업과 동시에 대기업에 취업해, 집안 분위기도 좋아 출가 이야기를 꺼내기가 더 편했다.

아버지도 처음에는 반대하였으나, 최근에 있었던 할아버지 천도재 이후 마음을 돌려주셨다. 할머니[성타원 유익순] 할아버지[경산 노원경] 두 분 모두 정식 법강항마위로서, 대산종법사님과 좌산종법사님께 표창패를 3번 받으실 정도로 서진주교당에서 열심히 하셨다. 천도재를 지내며, 같이 지내셨던 교무님들이 해주신 추모담은 정말 감동이었다. 여러 가지 이야기가 있었지만, 할아버지가 원경고등학교 초대 교장 제

의를 받으셨을 때, 70을 넘은 나이여서, 몸이 좋지 않아 고민하셨는데, 할머니께서 '가서 순직(殉職)하세요.'라는 한 마디에 초대 교장으로 부임하여 4년간 무보수로 일하셨다. 할머니 할아버지가 존경스러웠고 감사했고 덕분에 내가 출가까지 할 수 있도록 기운으로 밀어주시지 않았나 싶다.

천도재가 끝난 당일 아버지가 나에게 "그래 한번 가치있는 일을 위해 열심히 해보아라." 하며 출가를 허락해주셨다. 유품을 정리하고 표창패와 정식 법강항마위증은 지금 내 숙소에 두고 매일 보며 마음으로 품고 있다.

❋ 법무실 간사

법무실에 온 지 벌써 1년이 다 되어간다. 시간이 어떻게 흘렀는지 몰랐을 정도로 빨리 지나갔다. 27년간 살아오면서 배웠던 것보다 1년의 간사생활이 더 많은 것을 배우고 느꼈던 시간이었다.

마지막 기말고사가 끝나고 그해 12월 겨울, 법무실에 짐을 풀었다. 처음에는 교당에서 살았던 분위기나 하는 일이 많이 달라 적응하기가 어려웠고, 나와 또래인 도반이 한 명도 없는 총부에서 낯선 공동체 생활을 하려고 하니 쉽지 않았다. 하지만, 시간이 흐름에 따라 점차 익숙해지고 편안해졌다.

간사 생활을 하면서 힘들고 어려운 점도 있었지만, 종법사님 모시고 공부 지도를 받을 수 있어 매우 설레고 행복했다. 매주 일주일에 하루는, 종법사님과 총부를 같이 산책하며 문답 감정 및 지도를 받을 수 있었고, 대중 접견이 있을 때는 교도님들, 예비 교무님, 교무님들과 함께 종법사님의 설법을 받들 수 있었다. 그리고 법무실장님을 포함한 여섯 분의 교무님들의 사랑과 애정을 넘치도록 받으면서 마음공부 할 수 있어 정말 감사하고 또 감사했다.

🌸 마치며

신성 信誠

신이 있으면 그 법이 건네고 공을 이루고
신이 없으면 그 법이 건네지 못하고 공을 이루지 못한다.

　신이란

첫째, 스승을 의심하지 않는 것.

　◦ 천만 사람이 천만 가지로 그 스승을 비방할지라도 거기에 믿음이 흔들리지 않는다.

　◦ 혹 직접 보는 바에 무슨 의혹되는 점이 있을지라도 사량심을 두지 않는다.

둘째, 스승의 모든 지도에 오직 순종하고 자기의 주견과 고집을 세우지 않는다.

셋째, 스승이 어떠한 방법으로 대하더라도 다 달게 받고 조금도 불평이 없다.

　◦ 과도한 엄교 중책

　◦ 대중의 앞에 허물

　◦ 힘에 과한 고역

넷째, 스승의 앞에서는 자기의 허물을 도무지 숨기거나 속이지 아니하고 사실

로 직고한다.

> 이 네 가지가 구비하면 특별한 신심이라,
>
> 능히 불조의 법기를 이루게 되리라.

원기 104년 신년법문 '신성으로 공부합시다.'

나에게 있어 이 법문은 대종사님이 사랑하는 제자에게 쓰는 연애편지이다. 얼마나 제자를 사랑하셨으면 이렇게나 박력 있고 터프한 프러포즈를 하셨나 싶고, 또 얼마나 당신의 교법이 좋고 자신 있으셨으면 이렇게나 제발 당신을 믿어달라고 하셨는가 싶다.

나에게 있어 신성이란....

자기 자신을 정말로 믿고 사랑하는 사람은 세상에 하나뿐인 소중한 '나'에게 최선을 다한다.

자기 자신을 정말로 믿고 사랑하는 사람은 자기 자신에게 여래위를 선물할 의무와 책임이 있다.

자기 자신을 정말로 믿고 사랑하는 사람은 어떠한 상황이 있어도 자신의 서원을 포기하지 않는다.

자기 자신을 정말로 믿고 사랑하는 사람은 자신의 발전을 위해 자신의 주견을 고집하지 않는다.

자기 자신을 정말로 믿고 사랑하는 사람은 자신의 한계를 뛰어넘기 위해 스승님께 허물을 숨기지 않는다.

자기 자신을 정말로 믿고 사랑하는 사람만이 '나'를 놓을 수 있고, 세상의 개벽을 위해 온 힘과 정성을 다할 수 있다.

그래서, 자기 자신을 정말로 믿고 사랑하는 사람은 대종사님을 믿고 사랑할 수밖에 없다.

소태산 대종사님의 제자가 될 수 있음에 감사합니다. 저를 출가까지 이끌어주신 안암교당 교무님 사랑하고 감사합니다. 간사기간 동안 부족한 저를 지도해주신 종법사님, 법무실 교무님 사랑하고 존경합니다. 앞으로도 열심히 정진 적공하여 스승님이 하시고자 한 정신개벽, 낙원세상 건설에 힘쓰는 만 생령 품는 전무출신 되도록 노력하겠습니다.

영생의 행복자

김경혜 (영산선학대학교 기간제 전무출신)

🌸 아름다운 가족

2남 4녀중 장녀로 태어나 젊은 날을 이리저리 치이며 정말 치열하게 살았다. 성실한 남편을 만나 1남1녀의 자녀를 두었다. 양가 부모님께 서는 열반하셨다. 남편은 단월드에서 퇴직 후, 천안 단월드 연수원 시설관리팀에서 일하고 있다. 밝고 긍정적이며 성실하고 자기관리를 잘 하고 있는 사람이라, 출가 결정을 할 수 있었고, 나는 옆에 있기만 해도 주변에서 점수를 많이 줘 평생 덤으로 살아온 삶이기도 하다. 이 글을 쓰면서 남편에게 감사의 마음을 전한다. 딸은 독립해서 살고 있고, 아들은 원기103년에 결혼 후 분가해서 살고 있다. 예쁘고 지혜로운 며느리와 18개월 된 손주, 모두 나의 출가를 응원하며 다복한 가정을 이루고 있으니 아름다운 가족이다.

원기 101년 10월 30일 입교, 102년 10월부터 105년 초까지 안암교

당 주무의 책임을 즐거움으로 맡아했다. 원기 105년 6기 기간제 교무
에 지원, 합격해서 8월 18일 입소하여 1년 반 동안 영산선학대학교에
서 수학한 후 발령을 받게 된다. 안암교당 마지막 일요법회에서 출가
감상담을 마치고 영산선학대학교 입학하여 공부하며 원불교와의 만남
을 돌아보며 미소 짓고 있다.

인연 복, 마지막 법회

나는 복이 많은 행복한 사람이다. 복 중에 인연복이 제일 크다고 하
셨는데 총부에 계신 보산 김제원 교무님, 안암교당의 박세훈 교무님,
전성욱 교무님, 동지들 덕분에 부족함에도 기간제교무로 출가하게 되
어 원불교 회상에서 남은 인생 적공 할 수 있는 기회를 얻게 되어 기
쁘고 행복하다. 원불교로 이끌어 줬던 서인혜님에게도 감사의 마음을
전하지 않을 수 없다.

안암에서 마지막 일요법회 시간, 성가를 부르기 전까지 고요했던 마
음이 성가를 부르면서 가슴이 뭉클해지며 눈물이 핑 돌았다. 겨우 마
음을 추스르면서 감상담을 말씀드릴 수 있었다. 시작부터 앞이 뿌옇게
변해갔다. 며칠 끙끙거리며 준비한 원고가 흐릿해지고 콧물이 계속 흘
렀다. 어떻게 말씀드린지 모르게 정신없이 감상담을 마치니 아낌없는
박수를 보내주셨다. 아쉬움과 감사함이 교차 되면서 교도님의 성함을
부르면서 울컥했던 것 같다. 콧물과 눈물이 앞을 가려 겨우 마치고 자
리로 돌아왔다. 아들과 남편이 자리하고 있는데 부끄러움이 밀려왔다.
나중에 가족 카톡을 보니 아들이 전송한 사진과 함께 '엄마 울어? 뭉

클해!'라고 쓰여 있었다.

3년간 지냈던 안암교당을 뒤로 하고 폭우 속을 뚫고 집으로 오는 내내 생각에 잠겼었다. 교당 주무로 살면서 인연을 잘 쌓고 만들어 내세를 준비하면 어떻겠냐는 보산님 말씀에 시작된 3년 시간은 금방 지나갔고, 내 삶의 새로운 출발점에 서게 되었다.

정신없이 살아온, 살아낸

아버지의 본가는 온천으로 유명한 충남 아산시 송악면 외암리이다. 아버지는 6.25 한국전쟁 이후 할아버지가 돌아가시자, 맏아들이신 아버진 경기도 파주 문산 미군 부대 전기기사로 취직하여 기울어진 가세를 일으키느라 고군분투하셨다. 29살 늦은 나이에 결혼하여 문산에 자리를 잡고 사셨다. 첫째 딸인 나는 남동생이 태어나자 초등학교 입학 전까지 할머니 삼촌들과 함께 온양에서 자랐었다. 마당에 돗자리를 펴고 할머니 무릎을 베고 누워, 천안에서 하숙하며 중·고등학교를 다녔던 삼촌을 기다리며 별을 헤아리며 푸른 꿈을 꾸던 지난날의 기억이 아련하다. 지금도 부모님과 남동생 4식구가 장항선 기차를 타고 할머님댁을 가던 추억이 새롭다.

부모님 열반 후 어린 시절을 그리며, 오십이 넘은 4명의 동생과 아버지 본가를 찾았다. 아버지가 태어나서 어린 시절을 보냈던 아산시 송악면 외암리 200번지. 지금은 유명한 민속마을로 잘 보존된 본가와 할아버지 열반 후 가세가 기울어 살았던 아담한 기와집을 그리면서 방문했는데 집터만 남아있었다. 마당에서 내달렸던 비탈지고 너른 밭, 냉

장고 역할을 했던 우물물, 집에서 멀리 떨어졌다고 생각한 큰길, 굽어진 길을 쳐다보며 부모님과 동생들을 마냥 앉아 기다렸던 소극적이며 온순하고 부끄럼이 많은 아이로 어린 시절을 보냈는데, 고향 집을 돌아보며 형제간의 웃음이 따사롭고 고즈넉한 마을풍경이 평화로울수록 더욱 부모님이 그립다.

초등학교 입학하면서 집으로 돌아왔다. 그 뒤로 동생들이 태어나 2남4녀의 장녀로 부지런하고 가정적인 부모님 덕분에 집안 형편이 좋아져 어려움 없이 고등학교를 마칠 수가 있었다. 하지만 공부엔 재미를 붙이지 못했고 관심이 없었다. 맏딸이라 공부를 시키려고 과외선생을 많이 붙여주시며 애를 많이 쓰셨지만 되도록 눈에 띄지 않게 얌전하게만 지냈다.

문화시설이 없던 시골은 답답했고 늘 넓은 세상이 궁금했다. 그 세상은 서울이었다. 주변에 미군기지가 많고 군인들이 많아서 벗어나고만 싶었다. 아버지는 엄격하셨지만 빨리 독립하여 서울에 가서 살고 싶은 마음뿐이었다. 시간이 날 때마다 서울로 왜 가야 하는지, 공부해서 대학가라는 아버지를 설득해 취직해서 서울로 나올 수 있었다. 할머니와 삼촌들은 서울에서 학교와 직장생활을 하고 계셨기에 할머니와 함께 지내는 조건으로 취직을 하여 겨우 집에서 나올 수 있었다. 그 뒤 동생들은 부모님의 반대로 문산에서 통근하면서 서울로 학교와 직장을 다녀야 했다.

취직해 들어간 화장품 회사에 재미를 크게 느끼지 못했지만 매달 나오는 월급 받는 재미에 저축도 하고, 돈도 쓰고, 시간에 매이지 않고 친구들을 만날 수 있었고, 부모님 간섭을 받지 않고 사는데 만족했고 좋았다. 6남매들과 복닥거리며 지냈기에 독립된 공간에서 살고 싶었다. 2년 이후 따로 방을 얻어 독립할 수 있었다. 나만의 시간과 공간을 갖고 싶고 주인이 되고 싶은 갈망이 컸던 시기, 정신없이 살던 때였다.

가정을 이루고

23살, 일상이 지루하게 느껴지기 시작한 즈음 친구의 소개로 단체모임에서 남편을 만나 사귀게 되었다. 부유한 집안은 아니었지만 성실하고 착했고 수재형으로 항상 챙겨주고 배려해 주었다. 2남 중 차남으로 효자이기도 했다. 내가 부족한 부분을 다 채워줄 수 있는 조건이라 만족했고 만날수록 즐겁고 행복했다. 반대도 있었지만, 장애가 되지 않아 남편 대학졸업을 앞두고 1981년 겨울 24세에 결혼했다. 결혼 전엔 부모님 뒤에서 보호를 받았고, 결혼 후에는 남편의 옆에만 서 있어도 칭찬과 대접을 받으며 살았다. 인생을 덤으로 살아낸 듯했다.

3살 터울로 1남1녀를 두고, 경제도 안정되면서 아파트도 장만하였고 시부모님의 넘치는 사랑과, 든든한 친정 부모님의 보살핌으로 안정적인 가정을 이루고 잘 지낼 수 있었다. 연로하신 시아버님이 돌아가시고 금술이 워낙 좋으셨던 어머

님도 6개월 만에 돌아가시면서 집안에 변화가 생겼다. 10년 이상 눈코 뜰 새 없이 바쁜 업무에 지쳐있던 남편에게 회사 대표님의 배려로 대구 경북지사 개설과 함께 책임자로 발령 나게 되었다. 큰애가 중학교에 입학하면 본사로 복귀하는 조건이었다. 주말도 없이 늘 바쁘게만 살아왔던 남편에게 마음에 여유가 생겼고, 가족 모두 힐링의 시간이기도 했다. 대구 신도시에 있는 아파트로 이사해 자리를 잡으면서 아이들도 학교 친구가 생겼다. 서울에서 이사 왔다고 관심 가져주고 친절하게 맞이해 준 주위 인연들과 친해지고 정이 들어, 4년 후 큰아이가 중학교 입학하여 서울로 이사 오는 차 안에서 그동안 인연이 되었던 친구들과 주위 인연들과 헤어지기 싫어 서울 톨게이트 올 때까지 눈물 콧물 범벅으로 엉엉 목 놓아 울면서 왔던 기억이 난다. 그 인연은 지금도 모두 소중한 가족으로 만나고 있다.

🌸 닦음의 길, 수련

홍대역 인근에 남편의 회사가 있었고, 대구에서부터 몸 관리를 위해 수련을 하던 남편의 제안으로 연희동으로 집을 구해 회사 길 건너편에 있던 단월드 센터에 회원 가입하여 가족 모두 수련을 하게 되었다. 기운을 통해서 나를 찾아가는 명상수련은 첫날부터 기운을 느낄 수 있었다. 신기하고 재미가 있어 새벽 수련이 기다려질 정도로 즐겁고 행복한 수련이어서 열심히 했다. 수련한 뒤에 따뜻한 차를 마시면서 몸과 마음에 변화를 느낀 그대로 돌아가면서 진솔하게 말하고 궁금한 것을 묻는 시간이 기다려지곤 했다. 수련시간이나 강연을 들을 때 맨 앞좌

석에 앉아있던 나를 보며 깜짝깜짝 놀라기도 했다. 늘 뒷자리가 편한 사람이었는데.

단월드가 서울을 비롯하여 고양시 구리시 과천시를 합해 1·2지역으로 나뉘어 편제되었고 센터 활동 범위가 서울의 1지역 전국으로 봉공활동과 군교육 보조, 공원 수련지도 등 단월드의 외연이 커지면서 외부의 지원과 봉사 활동을 필요로 하는 일은 차고 넘쳤다. 청년뿐 아니라 사회에 역량 있는 분들을 지도자로 영입하게 됨에 따라 생각은 했었지만, 아직은 아이들이 중학교 저학년에 초등학생이었고 부모의 손길이 필요한 시기라 기존의 삶을 내려놓고 올인 하기엔 두려웠고, 한편으로 욕심이 너무 많았다. 지도자들은 20~30대 열정을 가진 실력 있는 청년들이었고, 기혼인 경우는 별로 없었다. 지역대표의 설득으로 고민하기 시작했는데, 남편이 먼저 입사하겠다고 결정하였고, 나는 1997년 39세의 나이로 한 기수 차이로 함께 입사하여 지도자 교육을 받았다.

지도자 생활

지도자 교육을 받던 중 나도 모르게 밖으로 나가 벤치에 앉아 상념에 빠진 적이 있었다. 열심히 해보겠다고 했지만, 여러모로 실력 차

가 많이 나다 보니 자신감이 떨어지고 기가 많이 죽어있었다. 연세 지긋하신 여자 분이 옆으로 와 앉더니, 다정한 목소리로 '왜 여기 앉아 있느냐?'는 물음에 가슴이 뭉클해지면서 눈물을 흘리며 마음에 담고 있던 말을 했다. '교육생인데 얼마 안 있으면 현장에 나가게 될 텐데, 배움도 짧고, 아는 것도 없는 것 같고 어떻게 해야 할지 암담하고 답답하네요.' '그러면 네가 하려고 하지 말고, 잘하는 사람을 따라 해라, 따라 하다 보면 나만의 노하우가 생기고 조금씩 힘이 생길 거니 너무 걱정하지 말고 주위에 도움도 청해 보라.'고 하셨다. 나중에 알고 보니 그분은 강북2지역 대표였다.

자력이 없는 상태에서 한다고 생각하니 두려웠다. 타력으로 넘어갈 수 있도록 용기를 얻어 교육을 마치고 첫 발령지는 능력 있는 분들이 거쳐 간 곳이었고, 전임 원장은 지역대표로 발령이 난 곳이었다. 잘할 수 있을 것이라며 주위의 격려로 연구하고 물어보고 따라 하면서 익히고 보완해서 센터에 맞게 활용했다.

공식적으로 하루 5회 60분씩 수련했다. 새벽 4시 40분부터 6시까지 핵심회원 양성하기 위해 공을 들여 영기통 수련을 했고, 이어 6시 30분 회원들은 본인관리가 철저하고, 열심히 사는 분들이 수련하였다. 오전 10시 반은 주부들이 많이 나왔고, 마지막 시간인 저녁 8시는 퇴근하고 오는 직장인들이 많아 이 네 타임은 놓칠 수 없어 외부 약속이 없는 이상 맡아 수련을 하였고 회원을 관리했다. 점심 이후 3시와 6시는 사범에게 맡겼다. 순수함으로 거듭나고 성장할 수 있도록 정성으로 회원들을 대하니 새벽부터 밤 10시까지 회원들이 나와 수련과 상담으로 바빴고 회원들이 넘쳤다. 그러면서 재등록률은 본사에서 관심을 둘

정도로 높았고 경영실적이 월등히 좋아지고 1일 출석률이 100명 이상이 나와 수련을 했다. 원장 말소리와 웃음소리가 좋아서 온다는 회원도 늘었다.

경영이 안정되면서 외부로 눈을 돌려 단전호흡이 뇌호흡으로 전환되는 시점에 전국적으로 소규모 강연회가 열리고 있었다. 대외적으로 제대로 크게 알려야겠다는 각오와 '선택하면 이루어진다는 신념'으로 시작했다. 임원진들도 말과 다르게 움직여 주지 않아 진행상황을 공유하며 회원 한분과 시작했다. 직장암으로 구미에 살던 분인데 직장암 수술하고 본가의 지원으로 회복차 병원 가까운 곳에 가족만 이사해 요양중이었다. 영남대에서 학생회장을 역임하고 이후 사업을 했던 분으로 의기투합하여 진행하자, 엄두가 나지 않아 방관하고 지켜보고 있던 회원들도 결과가 나오기 시작하자 도움이 될 수 있는 일을 찾아서 하기 시작했다. 시내 전지역을 꼼꼼하게 다니면서 전단지를 전달하고 포스터를 붙이는 등 모두 내 일처럼 합력해주었다. 이틀 전부터 타센터 회원들까지 협력으로 1,000여석의 공연장을 다 채워 복도까지 사람들이 차고 넘치며 주차관리를 맡았던 회원은 차를 셀 수 없이 차를 돌려보낼 수밖에 없었다며 아쉬워할 정도로 성공적으로 마칠 수 있었다.

지도자로서 비전을 세우고 공심으로 크고 작은 일을 이루어 내면서 정신없이 바쁘고 힘은 들었지만, 성취감으로 기쁘고 행복했다. 센터가 신도시 아파트 단지에 있었기에 기혼인 분들이 수련을 많이 했었고, 사회의 인재를 공동체에서 공헌할 수 있도록 연결하였고 그때의 인재네 분이 지도자가 되어 일하고 있다. 기운이 좋은 곳에 가서 명상수련을 많이 했고, 부부가 함께 수련할 수 있도록 공을 많이 들였다. 센터를 편하게 방문할 수 있도록 오픈했고, 어려움이 있으면 진심으로 찾아가서 도움을 주려고 마음을 썼다. 전문가들이 많아 필요할 때 물어보고 자문을 얻고, 도움을 청해 받을 수 있었다. 센터의 위치가 나쁘지 않았지만 임대료가 전국 상위급으로 지출이 많아 회원의 도움을 받아 위치가 좋고 임대료가 적게 들어가는 곳을 찾아 옮길 수 있었고, 이후 다른 센터 이전 시 도움을 받아 경비를 많이 줄일 수 있었다.

300개의 센터에서 2위를 하고 구미에서 1위를 했던 원장이 지역의 대표로 오면서 보좌사범을 데리고 왔는데 내가 맡고 있던 센터로 발령을 내고 나는 구역장으로 다른 센터로 옮기게 되었고, 몇 달 후 지역장의 사형이 미주에서 서울로 오게 되었는데 발령을 낸 센터에는 안가고 내가 있던 센터로 발령을 내달라고 한다며 체면을 세워달라며 양해를 구했다. 미리 결정하고 온 것 같아 마음이 편치 않았다. 아이들도 성장하여 딸이 입시생이 되어 엄마의 손길이 필요해지자 단월드에서 3년을 근무한 후 출퇴근하면서 돌볼 수 있는 계열사로 옮겼다.

얽히고설킨 갈등

남편은 졸업 후 첫 직장에서 도움을 받았던 직장상사를 사우나에서 만났다며 좋아했다. 그 후 사업을 하는 그분을 자주 만나며 회사를 오가더니 조건도 없이 아파트를 기업담보로 보증을 서야겠다며 반대해도 고집을 부리며 실행했다. 결국은 회사 빚을 감당할 수 없어 경매 직전에 집을 팔고 손을 털 수밖에 없었다. 분노하면 할수록 압류가 들어와 꼼짝 못하고 당할 수밖에 없었다. 젊은 사범에 비해 나는 번듯한 집이라도 있으니 정 힘들면 팔아서 아이들 유학도 보낼 수 있고 노후 보장도 되는 참으로 든든한 울타리였던 집이었다. 지금까지 절실하게 돈을 벌어 보지 않았지만, 학비가 들어가기 시작하니 정신을 차릴 수밖에, 도망갈 수도 없었다.

영업 부서로 옮겨 처음부터 다시 출발선에 서는 마음으로 시작은 했지만 쉽지 않았다. 경제적으로 여유가 없고, 남편에 대한 원망은 하늘을 찔러 고통스러웠지만 어쩔 수 없었다. 순수하고 맑고 예쁜 후배 사범이 운영하는 센터에 회원을 소개해 달라며 가서 이런저런 이야기를 하던 중 본능적으로 영업을 해 센터에 오는 것이 불편하다는 회원을 지목하며 험담을 하던 중 후배 원장은 정색하고 말했다. '이 회원 못지않게 나도 그렇다고…' 나름 포장을 잘하며 세련되게 살고 있었다고 생각했는데… 생각지도 않은 사람이 그렇게 말하니 번개 맞은 것처럼 충격이 컸다. 난 절대로 저런 영업은 하지말자고 속으로 경멸하고 있었기에 갑자기 듣는 말에 충격을 받을 수밖에 없었다. 어둡고 부정적인 내 모습에 작정을 하고 죽을 힘을 다해 말했다고 한다.

상품을 팔고나면 한 번에 끝나지 않고 연결해서 계속 다른 상품으로 가거나 소개 영업이 되어야 하는데 난 단타로 많이 끝났다. 고가 상품을 팔고 난 후 사후 관리가 부족했다. 경제력이 있는 회원을 다시 찾아야 했기 때문이다. 입시를 앞둔 아들이 있었고, 딸은 학비가 비싼 미대를 다녔기에 눈에 불을 켜고 다닐 수밖에 없었다. 며칠이 지나 다시 찾아가 '나를 그렇게 봤다면 어떻게 하면 내가 환골탈태할 수 있겠냐?'고 물었다. 49일간 300배 절 수련을 권했다. 시꺼멓고 무거운 마음으로 갔는데 피할 수도 외면할 수도 없어 정면으로 부딪쳐서 수양하기로

마음먹었다. 절 수련을 하고 명상으로 마음을 다스릴 수 있도록 하루
에 300배씩 시작했다.

한편으론 제대로 일을 하게끔 환경을 만들어 주는구나 싶기도 했지
만, 경제적으로 여유가 없자, 시도 때도 없이 화가 났다. 수양을 꾸준
히 한 적이 오래되어 쉽지 않았다. 하겠다고 할 수 있겠다고 마음으로
다짐했지만, 많이 지쳐있었기에 죽을힘을 다해 날짜를 채워 나갔다.
49일을 채우니 100일도 할 수 있을 것 같아 늘려나갔다. 출장을 가거
나 여행을 가면 미리 일찍 일어나서 했고, 침대에서, 좁은 골방에서 장
소를 가리지 않고 했다. 사업이 안 풀려 힘들어하는 고객의 남편과 새
벽에 만나 절에서 1000배씩 21일간 하기도 했다. 날짜가 늘어 갈수록
몸과 마음이 건강해져 마음의 여유가 생기며, 주위를 살피게 되었고
가치관이 서서히 변하면서 세상을, 고객을 보는 눈이 달라졌고 기다려
주고 신뢰를 쌓으면서 서로 성장할 수 있었다. 힘 빠져 지내던 남편이
보이고 원망심이 녹고 오늘도 잘 해내고 있다는 자신감이 들었고, 기

쓰고, 뱃심과 수행자로서의 성취감 등이 생기면서 3년을 해야겠다는 목표가 생겼다. 그 후 4년 동안 절 수행을 하였다.

운전하면서 집으로 돌아오는 길에 평화롭고 아름다운 노을을 바라보면서 문득 '세상에 기부했다고 생각하자. 내 마음이 워낙 밴댕이 속보다 좁다 보니 남편을 통해 통 크게 기부할 수 있도록 기회가 생겼나 보다. 남편은 나보다 얼마나 고통스러울까?'라는 측은지심과 자긍심이 생기면서 서서히 고통과 분노가 사그라지며 원망심이 녹아내려 위기를 넘길 수 있었다. '인과의 진리를 알았다면 오랜 시간을 원망하면서 고통스럽게 살지 않았을 텐데..' 하는 생각이 들었다.

🌸 새 회상 만난 기쁨

일요일 아침 10시 반까지 1시간 이상 먼 곳을 가기엔 쉽지 않았고, 교무님 설법을 들으면 너무 좋아할 것 같다며 계속 권유했지만, 집근처도 아니고, 갔다 오면 하루를 거의 쓰게 돼서 마음을 내기가 쉽지 않았다. 종교엔 관심이 없고 우리나라 4대 종교 중 하나다 정도만 알고 있었고, 치열하게 비영리 민간단체에서 마지막 3년을 보낸 후 19년 동안 보냈던 공동체를 퇴직하고 여유롭게 쉬고 있었다. 서인혜님의 권유가 오래전부터 있었지만 미루기가 어려워 일요법회에 오게 되었다. 첫날 법회 성가 반주가 나오자 가슴이 뭉클해지고 가사 말에 민망할 정도로 눈물이 나왔다. 보산 김제원 교무님의 거침없고 명쾌한 설법을 듣고, '가슴이 시원해지네.'라고 하니 '그것 봐! 잘 왔지?' 하며, 본인은 일반5단 이라며 입교해서 같은 단원이 되자며 단원님들께 소개 인사를 드리면서 원불교와의 인연이 시작되었다.

원기 102년 5월 친정어머니를 뵙고 왔는데, 이틀 후 욕실에서 목욕하시다 갑자기 열반하셨고, 아버지도 금슬 좋은 부부로 사시다가 어머니가 갑자기 열반하시니 충격을 받으셨는지 건강이 급격하게 나빠지셔서 주중과 주말을 파주 친정집을 오가며 아버지를 모셨다. 남동생이 서울 살림을 정리하고 친정집으로 들어오면서 여름을 지나 다시 일상으로 돌아올 수 있었다. 힐링의 시간이 필요해 열흘간 명상여행을 다녀와, 익산으로 이사 간 인혜님 집을 방문하였다. 넓은 원광대를 산책하고 옛 건물이 고즈넉하고 정갈한 느낌과 정성이 깃든 손길이 수행의 향기가 느껴지는 총부를 둘러보면서 원불교와 인연이 된 인혜님이 부럽기도 했다. 많은 이야기를 하며 기회가 된다면 나도 정법회상에 출가해 많은 선진님들의 가르침을 받아 거듭나고 싶은 생각도 든다고 하자, 인혜님은 보산님을 뵙고 결정하기로 하자고 하여 하룻밤을 자고 서울 집으로 왔다.

🌸, 출가의 기연

보산님은 일찍 인연이 됐으면 좋았을 텐데, 안타깝다는 말씀을 주시며 당신이 교전을 6번 읽고 출가결심을 하게 되었다는 말씀과 교전을 이해할 수 있도록 교리도와 차례를 설명해 주시면서, 교전 5번을 읽으라고 숙제를 내주셨다. 원불교에 대해 아는 게 없어 문화를 빨리 익혀 출가하고 싶은 마음에 교당에서 주무생활을 시작했고, 교전은 한두 번은 그냥 읽고, 서너 번째는 궁금하고 모르는 것은 사전 찾아보면서 읽으라고 하셨다. 삼대력 중 연구력이 제일 부족하다고 느꼈는데 결심과 달리 업력과 습관이 무겁다 보니 1년 넘게 공부를 하는 둥 마는 둥 하면서 지냈다.

원기 104년 초 보산님은 총부 교정원으로 인사이동 가시고, 7일간의 '출가여행'을 다녀오면서 게으르고 나태함에 부끄러웠고, 참회를 통해 '수양회'에 들면서 마음을 다잡을 수 있었다. 한 해 동안 교전 봉독을 5번 하기로 하고 매일 30분 이상 봉독했다. 법회와 수요공부방 등에서 공부하면서 사전을 찾아보니 진도가 안 나가고, 확실하게 아는 것도 아니고, 그렇다고 모르는 것도 아닌 상태가 되었다. 그러나 3번째 봉독부터는 수월하게 넘어갈 수 있었다. 원기105년 '7일간의 출가여행'을 다녀와선 10번을 채우고자 1시간으로 시간을 늘려 5월까지 마무리할 수 있었다.

진정한 사랑

가락동에서 사업하는 중 부도로 고통 받고 괴로워하는 회원에게 전세금을 월세로 전환하여 빌려주었는데, 갚질 않아 100만원씩 월세로 살고 있었다. 주변을 정리하는 과정에 10년 가까이 마음의 짐을 지고 살고 있었던 것을 말씀드리자, 보산님은 어리석은 일 했다고 꾸중하시며, 당장 정리하라고 하셨다. 아들 결혼을 앞둔 때라 날벼락이었다. 남편에게 먼저 얘기하니, 그 자리에서 단호하게 포기하고 잊으라 했다. 남편은 퇴근하고 집에 온 딸에게 자초지종을 이야기하자, '빨리 이야기했으면 해결할 수 있었을 텐데… 그동안 혼자 속 끓였냐?'며 안타까워

했다. 남편은 바로 그 자리에서 수습하여 가족들이 받을 충격을 최소화했다. 강남에 그 돈으로 살 수 있도록 해준 집주인에게 고마운 마음을 갖고 있었던 남편은 충격이 더 컸다. 한 주 뒤 남편은 핼쑥해져서 왔다. 많은 고민을 했을 것이다. 천안에서 전원주택을 사든가 아파트로 옮겼으면 좋겠다고 말하던

사람이라 나의 어리석음으로 마음이 아프고 미안했다. 아들 결혼을 앞두고 남편과 나는 천안으로 딸은 문정동으로 각자 독립하여 분가했다. 시간이 많이 지난 후 남편은 말했다. '보증으로 고통 받고 있는 것을 옆에서 지켜봤을 텐데 왜 그랬냐?'고 물었다. 서로의 업력으로 고통을 주고받고 힘들었던 시간이 지나고 남편은 요즘 나의 출가를 정신 물질로 성심껏 돕는다. 내가 간절히 원하므로 영생의 동반자로, 도반으로 미안하고 감사하고 사랑하는 남편이다.

주무 생활

주인의 마음으로 교당 살림을 하라고 하셨는데, 교당에 대해 아는 것이 없어 교무님과 간사에게 물어보면서 하나씩 익혀나갔다. 살림도

잘하는 것도 아니었고 그저 정성을 담아 하는 데까지 해보자는 마음으로 시작했다. 얼마 안 있어 경동시장에서 장을 보자고 하셨다. 운전은 보산님이 해 주신다고 하여 시장을 본 적이 있었다. 날은 춥고 부지런히 다니면서 시장을 보고 왔다.

다음날 교당 식구들이 다 모여 식사를 하는데, 보산님께서 '어제 경혜님과 경동시장에 가서 장을 보고 왔는데, 여기저기 다니면서 좋은 채소가 어디에 있는지, 물건 값도 비교해 보면서 싱싱한 것을 골라서 사야 하는데, 물어보지도 않고 한군데서 그냥 사더라. 그 나이 되도록 살림을 못한다.'라며 놀리셨다. 민망하고 창피했지만 어쩔 수 없었다. '이렇게 보고 계시는구나!' 정신이 번쩍 났다. 알뜰한 살림 규모를 알게 되었고, 못하고 모르면 대놓고 이야기하셨고, 못하는 것은 식구들에게 공개하며 사랑으로 감싸주셨다. 행복한 가족의 일원이 되어갔다.

˙ 매일같이 하는 새벽 좌선과 낮에는 사심 없이 보은노력하고 저녁에는 참회반성을 하고, 일주일마다 법회와 수요공부방, 정기훈련을 통해 법력으로 마음의 때를 벗길 수 있었고, 젊은 인재양성과 마음공부학사 건립을 위해 몸과 마음을 바쳐 헌신하시고, 원로교무님을 정성 다해 모시고, 교도님, 청년들, 예비교무님들 진급되기를 기원하면서 꼼꼼하게 챙기시는 보산 교무님을 지켜보면서 서원과 신심이 자리 잡고 커가고 있었다. 교도님 입장에서 생각하며 언행에 신중하고 조심하시는 마음가짐과 태도를 교무님들의 사는 모습을 통해 익힐 수 있었다.

대종사님 법에 맞게 살아보겠다는 서원에도, 때로 편하게 살고 싶고, 나태심 등 업력과 습관이 올라오기도 하는데, 교당의 환경이 수월하게 넘어갈 수 있게 해주었고, '인과의 이치 따라 지은대로 다 받는다. 짓지 않고 어떻게 받겠냐?'는 말씀에 욕심도 내려놓을 수가 있었다.

보험사에서 빠진 영수증을 첨부해달라는 문자를 받고 시간이 없어 딸에게 부탁했다. 가는 길에 발급받아 카톡으로 보내 달라고 사진을 찍어 보냈다. 다음날 보내준 영수증이 다르다고 하자, 정확하게 얘기 안했다며, 왕짜증이다. 동사무소에 가서 관련서류 떼느라 시간도 지체되고 더운데 고생을 많이 하고 발급받은 영수증이라 화를 많이 냈다. 까칠한 딸에게 자주 항복한다. '정말 애썼다. 미안혀~ 맘 풀어!' 이러면 없던 일로 되어 관계가 평화로워진다. 딸과의 관계도 조금은 편해졌다. 예전 같으면 자기가 잘못해놓고 짜증 부린다며 화를 냈을 텐데, 업력과 습관으로 굳어진 것을 쉽게 고쳐지겠는가, 영생을 믿고 인과를 알게 되니 조급하지 않고 지켜보는 여유가 생겼다.

전 직장에서 팀장이 공금을 유용하여 쓰는 것을 보고 못 참아 했던 적이 있었다. 범죄행위라고 말을 하면서도 나서는 사람이 없자, 내가 나서 상처받은 기억이 있었다. 옳고 그름에 대한 고민을 많이 했었다. '충고는 힘이 있을 때 가능하다. 실력도 갖추지 않고 하는 충고는 강자인 상대방에 먹히지 않는다. 힘을 키워, 힘이 생겼을 때 그때 가서 해라. 불평하지 마라. 네가 실력을 쌓고 그 자리에 올라가서 본인이 그때 가서 바꾸라.'라는 보산님의 설법에 답답했던 마음이 풀리기도 했다. 연구력으로 자력을 키울 수 있는 계기가 되었다.

그리던 정법회상을 만나 늦게나마 성직의 길을 갈 수 있도록 이끌어주신 보산 김제원 교무님께 감사의 마음을 드린다. 보산님은 항상 말씀하신다. '영생의 행복자인 나보다 행복한 사람 있으면 나와 보라'고 말이다. 교무님의 사는 모습을 보면서 나도 자유롭고 행복하게 살고 싶었다. 그리고 영생과 인과의 진리가 물처럼 어디든지 스며들도록 도움을 주는 사람이 되고 싶다. 마치 지금 내가 행복해하고, 앞으로 영원히 행복한 것처럼.

이생의 보은자! 영생의 행복자!

보산 김제원 교무

🌸 영생의 법연지, 영광

전라남도 영광군 백수읍은 새 종교 원불교의 창시자이신 소태산 박중빈의 탄생지요, 구도지요, 대각지요, 제자들과 저축조합을 시행하여 수천 년 내려온 갯벌의 간척사업을 하신 곳이다. 이곳 백수읍 하사리 중촌마을은 어머니의 고향이다.

외할아버지는 중촌마을 이장을 역임하셔서 한국전쟁 때 빨치산들이 인민재판에 올렸으나 후덕하신 인품으로 동네 사람들은 물론 집안의 일꾼들까지 아무도 외할아버지의 처형에 찬성한 사람이 없었다고 한다.

외할아버지는 12남매를 낳으셨는데 큰따님이 바로 나의 어머니 공타원 강부선님이다. 집안에서 살림을 배우고 부덕을 익히며 사시다가 아버님을 만나 결혼하셨다. 아버님 수산 김정광님은 동향 군남에서 태어나 조선대학 정치학과를 졸업한 뒤 교편을 잡고 계셨다. 집안은 열녀각을 하사받으실 정도로 절개가 뛰어난 증조할머님의 정성으로 가산을 부유하게 만드셨다. 아버님은 경기고를 나온 남동생의 꼬임에 빠져 도의원 선거에 민주당 후보로 출마했다. 당시 민주당은 야당으로 야당 탄압이 극심하던 때라 여당 측에서 선거운동원들을 다 잡아가는 탄압과 방해 속에 결국 낙선했다. 선거 후 빚쟁이들에 시달린 아버지는 교육청 장학사로 제주도 시찰차 배를 타고 가다가 바다에 빠져 죽을까 생각하다가 처자식 생각에 빠지지 못하였다고 하셨다.

지금의 내가 있고 행복한 가정이 있는 것을 보면 그 당시 군남교당 백타원 이현조 교무님의 지도에 감사할 뿐이다. 아버님께서는 백타원님 말씀과 가르침이라면 두 말로 들은 적이 없고 오롯하게 반드시어 오직 감사하는 신앙생활에 재미를 붙이셨기 때문이다.

사랑으로 자란 어린 시절

3남 2녀 중 막내인 나는 자연인으로 자랐다. 할아버지, 부모님의 사랑과 형 누님들의 관심 속에 거의 아파본 적 없이 성장하였다. 6살 때쯤 아버지께서는 중고등학교 교사로 계시다가 선거 후 다시 동네 앞 대창초등학교에서 근무하셨다. 열정적으로 학생들을 가르치던 아버님의 모습은 늘 우러러 보였다. 가끔 우유와 빵을 챙겨주셨는데 어린 날의 허기를 채우기에 충분했고 과분한 사랑이었다. 대창초등학교 근무를 마치고 길룡초등학교로 전근을 가셨다.

길룡초등학교는 성지에 있는 초등학교라 아버님의 원불교와의 인연은 더욱 지중해졌다. 지금은 흔적만 남아있는 이씨제각에서 거주하시며 당시 만고일월비를 세우실 때 일하시는 분들께 막걸리 공양을 많이 하셨다. 지금도 성지에 갈 때마다 막걸리 사발에 거나하게 취해 일하시던 분들의 모습과 아버님의 흐뭇해하시던 미소가 떠오른다.

정치적으로 힘든 경계를 겪은 아버님은 오직 원불교의 가르침으로 이겨내고자 하셨다. 새벽에는 원불교의 일과인 수양시간을 철저히 지키셨다. 좌선과 기도, 독경과 요가를 하셨다. 어릴 적 잠결에 들었던 아버지의 독경 소리는 대학 1학년 때 교당에 간 첫날 처음 따라 하는 독경인데도 쉽게 따라 할 수 있었던 위력으로 발휘되었다. 아버님의 독경을 들으면서도 크리스마스가 되면 친구 따라 교회에 갔다. 나름의 종교 편력이랄까 재미있는 어린 날의 풍경이다. 이후 까까머리 중학생이 되어 백수중학교를 다녔다. 집과 학교를 오가는 길은 평범한 일상의 농촌풍경이었지만 매일 즐거움을 찾고 신명나게 달리던 추억의 운동장이었다.

광주 5.18 민주항쟁의 소용돌이 속에서

고등학교는 광주에서 유학생활을 하게 되었다. 살레시오고등학교는 가톨릭 재단에서 운영하는 학교로 교장 선생님도 신부님이셨고 여러 나라 신부님들이 영어와 음악, 종교 시간을 담당해주셨다. 특히 이탈리아 원신부님께서는 등교 때마다 매일 학교 정문에서 우리 학생들을 맞이해주시며 손을 잡아주셨는데 그 따뜻한 눈빛과 미소는 지금도 눈에 선하다. 종교 수업은 학교 옆에 있는 수도원에서 했는데, 왠지 모르게 따분했으나 가끔 간식을 먹을 때면 신났던 것 같다. 당시 하숙을 했는데, 전남대 학생 형님들과 함께였다. 하숙비는 월 5만원으로 대학생 형님들과 같은 가격이었는데, 식사할 때 막내인 나는 항상 구석자리였다.

1980년 5월 18일 일요일 아침 하숙집에서 함께 지내던 형님들이 보이지 않았다. 매캐한 최루탄 냄새가 도심을 휘감았고 무슨 일인가 싶었는데 학생들이 데모를 한다는 소리를 들었다. 다음 날 오전수업을 하는데 광주MBC 방송국에 불이 났다. 나중에 안 일이지만 광주의 상황을 제대로 보도하지 않는 방송국에 찾아가 항의하는 과정에서 발생한 일이었다.

오전수업만 하고 모두 집으로 가라고 했다. 상황을 제대로 알지 못한 나는 금남로 피부과에서 치료 중이어서 병원에 가기 위해 시내버스를 탔는데, 그동안 다니던 길로 가지 않고 마음대로 대인동 종합터미널 쪽으로 가는 것이다. 별수 없이 터미널에서 내렸는데, 마침 군복을 입은 공수부대원들이 도로를 점거하고 당시 대학생으로 보이는 젊은 사람은 무조건 잡아 두들겨 패고 곤봉으로 머리를 때려 머리가 터지는 것을 직접 목격하였다. 두려웠다. 골목으로 내달려서 어떻게 갔는지 모르지만 택시를 타고 중흥동 하숙집으로 갔다. 당시 시내는 교통이 마비가 되었고 각종 언론의 뉴스는 사실대로 보도하지도 않았으며, 광주 시내 주변에서 시외버스가 시내로 들어올 수 없는 무법천지의 상황이었다.

순천에서 버스를 타고 오신 전남대 하숙생 아버지는 남쪽 화순 쪽에서 몇 시간을 걸어와 아들을 찾았지만 하숙생 형님들은 북쪽 순창 쪽으로 걸어서 시내를 빠져나갔으니 안심하시라고 이야기해 드렸다. 조선대학교 학생이던 매형의 남동생은 공수부대원들에 의해 상무대로 끌려가 많이 두들겨 맞고 왔다. 대학생들은 탈취한 시내버스의 유리창을 다 부수고 몽둥이로 차를 두드리며 노래를 부르며 시내를 운행하였으며, 시민들은 대학생들에게 수고한다며 버스에 주먹밥, 요구르트 같은 것을 넣어주었다. 그 광경을 직접 본 나는 묘한 기분에 사로잡혔다. 당시 우리 학교 학생도 2명이 사망했다. 참담한 5.18의 경험은 나를 자연스럽게 민주주의에 관심을 갖게 하고 정치에 뜻을 두게 하였다.

당시 아버님은 장성중학교에 근무하시며 원불교 장성교당 교도회장의 책임을 맡으셨고, 법강항마위에 승급하셨다. 어머님도 아버님과 함께 열심히 신앙생활을 하셨다.

🌸 상주선원 선객으로

나는 어수선한 시국에서 고등학교를 졸업한 후 서울에서 재수를 하게 되었다. 재수하며 느낀 것 중 소속과 책임이 필요하다는 것이었다. 소속이 없으니 참 재미없었다. 대학에 입학하여 스페인어과 1년 다니다가 입대를 위해 휴학을 했는데, 입영통지서가 얼른 나오지 않아 할 일이 없었다. 친구들과 당구도 치고, 예비군 훈련도 대신 가주며 놀고 있었다.

이런 내게 아버님은 익산성지에 있는 상주선원을 소개하여 주셨다. 당시에 바로 위 누나도 상주선원 선객으로 살고 있었다. 익산도 처음 왔지만 상주선원이 뭐 하는 곳인 줄도 모른 채 가라고 하니 왔을 뿐이다. 당시의 상주선원은 구조실 앞이었으며 맞은편에는 지금은 정화정사로 쓰이는 남자 예비교무들의 기숙사가 있었다.

상주선원은 출가자들이 생활하는 것과 비슷한 프로그램으로 운영되었다. 상주선원 선객들이 새벽 4시 55분 기상하여 구조실에 모여 좌선을 하고, 오전에는 대종경과 고경을 공부하고, 오후에는 작업, 저녁에는 염불, 좌선, 일기의 일정이었다. 모산 장성진 원장님, 궁산 오광익 교무님의 강의와 도움을 많이 받았다.

총부 밖을 나가지 않고 안에만 살며 거부감 없이 따라 하다 보니 계문을 어길 일도 없고, 마음공부하고 정신수양을 하니 점점 기운이 맑아지더니, 하루 저녁에는 구조실에서 염불을 하다 잠깐 입정 시간을 가졌는데 그 시간에 시간과 공간이 끊어진 원적무별(圓寂無別)을 체험하게 되었다. 너무나 행복한 시간이었는데 입정을 마치는 죽비소리가 참 얄미웠다. 염불 마치고 얼른 숙소에 들어가 입정 시간을 계속 가졌다. 이 한 번의 경험을 시작으로 수양의 재미가 더 깊어지면서 원불교에 출가하면 어떨까 하는 생각을 조금씩 해보게 되었다. 얼마 후 입영통지서가 나왔다는 연락을 받고 입대를 위해 상주선원의 생활을 마치게 되었다.

🌸 '야, 원불교!'가 되어

1985년 12월 초 입대를 위해 머리를 깎고 목포에서 군인 수송 기차를 타고 몇 시간이 걸려 의정부에 도착하였다. 의정부 막사에서 하루 자고 나니 추운 겨울을 알리는 눈이 내리기 시작했다. 금성관광버스를 타고 강원도 철원으로 이동하는데 가다 보니 탱크가 지나가고 서서히 인적이 없어지기 시작했다. 6사단 신병교육대에 도착하였는데, 시베리아 사람들이 쓰는 털모자를 쓴 군인들이 우리를 기다리는데 처음 보는 모자였다. 마치 러시아에 온 느낌이었다.

사단 훈련소에서 있었던 일이다. 어떤 훈련병에게 사회에서 사귀던 여자가 헤어지자는 편지를 보낸 것이다. 그 편지를 받은 훈련병이 M16 소총을 들고 탈영을 하였다. 부대가 발칵 뒤집혔다. 훈련병도 훈련병이었지만 그 총기를 찾는 게 더 급선무였다. 낮에는 산을 뒤지고 부대 내 온갖 곳을 수색하고 밤에는 혹시나 화장실에 총기가 들어있을까 해서 12월 24일 밤 크리스마스이브에 교회의 종이 울리는 것을 들으며 줄을 서서 농촌의 향기 가득한 인분을 폈다. 하루는 낮에 수색하다가 누군가 먹고 버린 빵 봉지를 보고 갑자기 빵이 먹고 싶은 마음이 올라왔지만 참아야만 하였다. 하루는 신병교육대 기간병들이 우리에게는 안주고 저희들만 라면을 끓여 먹고 있었다. 부러워서 나도 휴가 가면 라면을 배불리 끓여 먹어야겠다는 생각도 하였다. 참 춥고 배고프고 잠이 부족한 훈련병의 생활이었지만 생각을 놓고 마음껏 굴렀던 나날들이었다.

신병 교육을 마치고 철원의 6사단 3대대 본부중대 수색소대에 자대배치를 받았다. 그래서 아버님께 훈련 잘 마치고 자대배치 받았다고 편지를 써서 보내니 바로 『원불교전서』가 들어있는 소포를 보내주셨다. 수색소대는 보통 사병의 군 생활과는 다른 강한 군기를 요구한다. 당시에 대학 졸업자나 휴학자는 많지 않고 고졸이 많아서 그랬는지 이상하게도 내무반에서 책을 보면 이상하게 보고 보지 못하게 하는 못된 문화가 있었다. 그렇지만 난 알게 모르게 매일 『원불교전서』를 읽었다. 야외 훈련이 있을 때는 군장에 전서를 가지고 가서 틈나면 읽곤 했다. 군대에서 전서를 읽는데 처음에는 '좋은 글이 많이 있구나!'라는 생각이 들었다. 그런데, 전서 전체를 2번, 3번, 4번이 넘어가니 점점 재미가 있어 졌다.

하루는 전서를 봉독하고 있는데 휴가 다녀온 동료 병사가 수영복 입은 여성들 사진이 많이 나오는 야한 잡지나 보라며 내 옆에 던졌다. 그런데도 전서를 계속 보고 있는 나를 보며 내가 놀랐다. 그리하여 제대할 때까지 전서 전체를 6번 읽게 되었다.

입대 전 너무나 좋았던 입정의 체험은 군에서도 매일 저녁 와선을 하거나, 산속에서 허리를 펴고 단전주선을 하였다. 하루는 우리 수색소대 전원이 사단 수색대로 훈련을 받으러 갔다. 악마의 훈련을 받으러 간 것이다. 전투복은 뒤집어 입게 하여 계급을 몰라보게 하여 훈련을 받았다. 훈련이 얼마나 힘들던지 저녁에 소대원들을 보면 눈에 살기가 가득하였고, 잠자면서 잠꼬대를 안 하는 소대원이 거의 없었다. 여기저기서 하는 잠꼬대로 서로 대화하는 줄 착각하기도 하였다. 2주일 외부 훈련 중에도 편지는 배달이 되었는데, 우리 소대원들에게 온 편지가 총 20여 통이었는데 그중 내게 온 편지가 10통이었다. 부러움과 질시를 한 몸에 받는 순간이었다.

훈련을 받고 첫 휴가를 갔는데 광주 충장로 사거리 우체국 앞에 서

있다가 스스로 소스라치게 놀란 일이 있었다. 작은 체구인 내가 얼마나 지독히 훈련을 받았는지 갑자기 누구와 싸우고 싶은 마음이 속에서 올라왔다. '아! 훈련이란 것이 이런 거구나!'라는 생각이 들었다. 당시 훈련을 받으며 '이런 마음으로 세상을 살면 사회에 나가 어떤 일도 해낼 수 있겠다.'라는 생각을 하였다. 가끔 대대 내에서 각 중대 별로 방어하게 하고 우리 소대는 중대별로 지키는 곳을 침투하는 대항군의 역할을 하게 되는데, 나는 민첩하여 다 침투를 성공시켰다. 침투를 못 막은 부대는 얼차려를 받게 되었지만 나는 기뻤다.

소대에서 가장 키가 작은 사람은 바로 나였다. 행군할 때 너무 힘들었다. 난 12월 군번이고 두 달 빠른 10월 군번 선임은 188센티였다. 단독군장을 하고 10Km 급속행군을 하는데 그 선임 뒤를 따라 걷게 되었다. 그는 걷고 있지만 나는 뒤에서 거의 뛰다시피 하였다. 키가 작아 참 서러운 날이었다. 하루는 소대 훈련하는 2~3명이 함께 조를 짜 함께 훈련을 받았다. 그 키 큰 선임과 같은 조가 되어 훈련을 받는데, 나는 작지만 동작이 빠르고 그 선임은 동작이 느렸다. 그 선임은 느려서 얼차려를 자주 받는데 꼭 조원들을 같이 얼차려 받게 한다. 그 선임 덕에 씩씩거리며 얼차려를 받았다.

하루는 중대장님이 '목탁 칠 줄 아는 사람 있나?'고 물어봐서 '제가 칠 수 있습니다.'라며 손을 들었다. 중대 내에서 일주일에 한 번 있는 종교 시간에 불교를 맡길 사람을 찾았다. 나는 주간에 같이 근무하다가 불교 법회 시간에만 법회 진행의 역할을 맡았다. 당시 불교를 잘 몰라 원불교 대종경의 예화를 대종사님을 어떤 스님의 이야기라고 하면서 법문을 재미있게 소개하였다. 군에서 군종시간에 법문을 전하는 역할을 하다보니 자연스레 공부도 더 하게 되고, 후임병을 힘들게 하는 악역도 참게 되고 자의 반 타의 반으로 마음공부하는데 많이 도움이 되었다. 부대에서 주임상사님은 나를 부를 때 '야, 원불교!~'하고 불렀을 정도였다.

🌸 아버님의 천일기도

군에서 아버님과 많은 편지를 주고 받았는데, 언젠가 보내주신 『원불교전서』를 매일 읽고 있다고 편지했더니, 갑자기 아버님께서 '나 천일기도 시작했다.'라고 하셨다. 군 제대후 내가 출가하여 바로 원광대 원불교학과에 편입하게 해달라는 천일기도라는 것이다. 사실 입대 전 나는 아버님과 대화 중 인과(因果)에 대해 많은 논쟁을 하였었다. 예를 들어, '내가 길을 걸어가는데 이유도 없이 누가 날 때린다면 그것이 인과이니 참아야 합니까?'라고 여쭈면, 아버님은 '인과이니 참아야 한다.'라고 하시는 것이다. 나는 원불교라는 종교가 인과를 내세워 이 세상이 시끄럽게 싸우지 말고 함께 잘 살도록 내놓은 것이라며 '인과'를 수용하지 않았었다. 그런데 거의 매일 『원불교전서』를 읽으며 '아! 인과는 세상 공짜가 없다는 것과 비슷하구나.'라고 생각되며 인과에 믿음이 점점 가고 그 인과가 불생불멸 즉 영생(永生)과 엮여서 하나로 연결되어 다가왔다.

병장 시절 제대하기 전 나에게는 은근히 부담되는 아버지의 천일기도에 응답을 해야겠다는 생각에 편지 6장 분량으로 나의 20대, 30대… 60대, 70대 일생 계획을 나름 상세히 적었다. '원불교가 이제 참 좋은 줄 알겠고, 재가출가의 구분이 없다고 하니, 출가보다는 재가로서 출가 못지않게 신앙생활하고 교화도 잘하겠노라.'라고 편지를 써서 아버지의 집요한 출가축원 천일기도를 포기하게 하려고 시도하였다.

제대하면서 들었던 생각은 형식으로 하는 문화와 도둑질을 죄악시하지 않는 군대 문화가 참으로 싫었다. 한번은 고참이 옆 중대 빨랫줄에 걸려있는 신형 야전잠바를 훔쳐오라고 시키자, 나는 '옷이 없으면 몰라도 있으면서 훔치면 그 사람은 어떻겠습니까?'라고 했다. 그날 저녁 그 고참에게 참 많이도 시달렸다.

입대 전 구례 화엄사에 들렀는데 기와 불사하면 3년간 기도해주신다고 하여 기도비를 낸 덕인지 아버지의 기도 덕인지 여러 사고 위험이 있었는데도 불구하고 한 경계 한 경계 넘어가졌다.

🌸 다시 상주선원 선객으로

1988년 5월 초 제대하고 바로 복학하려고 학교에 가서 문의하니 이미 중간고사 기간이 넘어서 바로 복학이 되지 않는다는 것이다. 그래서 복학 전 머리도 좀 식힐 생각에 제대한 지 3일 만에 익산성지 상주선원으로 향했다. 3년 만에 다시 찾은 상주선원은 분위기가 달랐으나 일과는 비슷하게 진행되고 있었다.

상주선원 문타원 김성희 교무님께서 많은 정성을 들여 주셨다. 하루는 오전 대종경 시간이었다. 군에서 전서를 읽고 와서 그런지 대종경의 법문이 이해도 잘 되고 더 재미있는 시간이었는데, 대종경 법문을 듣던 중 가슴속에서 뜨거운 폭포수 같은 기쁨의 감동이 쏟아 내렸다.

나중에 알고 보니 법열(法悅)의 순간이었다. 그 기쁨이 정말 좋아 다시 아버님의 천일기도가 떠올랐다. 출가 여부를 다시 고민하기 시작했다.

출가하면 그동안 누렸던 자행자지의 자유, 벌어서 맘대로 쓰고 싶었던 경제, 노후 등 부모님의 봉양과 형님 등 가족에 대한 미안함 등이 다 걸렸다. 출가하면 좋은 수행의 환경에서 좌선하고 교법 공부하고 많은 사람에게 봉사하고, 저녁에 염불, 일기 등을 할 수 있으니 좋다는 생각이 들었다. 특히 한 생 살고 가면 끝나는 인생이 아닌 육신은 한 생이나 참 나인 성품은 영생하는 가운데 거래 간에 지은 대로 받게 되는 인연과의 이치가 새끼 꼬이듯 엮어져서 돌아가는 이치가 나를 뜨겁게 했다. 출가할 것인가 말 것인가, 왔다 갔다를 수십 수백 번 하느라고 저녁에 한숨도 못 자고 뜬눈으로 3일이나 보냈다. 온갖 계산을 다 하다가 결국 출가를 결정했다. 당시 난 원불교 성가를 겨우 2개나 아는 정도였다. 교당도 거의 안 다녀 봤기에 원불교학과에 편입보다는 간사 근무하며 원불교를 더 알고, 다시 신입생으로 가고자 결정했다.

🌸 새 회상의 동량, 간사의 길을 걸으며

아버님께서는 간사를 하지 말고 가면 좋겠다고 하셨으나 원불교를 너무 몰라서 간사 생활을 하고 들어가겠다고 말씀드렸다. 상주선원 교무님께서는 서울 종로교당으로 가라고 안내해주셔서 처음 가본 교당에 간사로 가게 되었다. 당시 종로교당은 서울 동부교구 교구장으로 융산 김법종 교무님이 계셨고, 서영수 교무님이 사무국장, 이명선 주임교무, 부교무 3명, 간사 2명, 원광 신협, 원광어린이집, 원불교 기념품판매소가 있었다. 모시고 사는 교무님도 많아 일도 많았다.

간사 생활을 시작한 지 얼마 되지 않아 아침 공사시간에 융산 교구장님께 질문을 하였다. 정전 의두요목 5조에 '세존이 탄생하사 천상천하에 유아독존(唯我獨尊)이라 하셨다 하니 그것이 무슨 뜻인가'가 도저히 이해가 되지 않아 무슨 뜻인지를 물었는데, 융산님께서 허허 웃으시며 '네가 그걸 알겠냐!'하시며 그냥 넘어가 버리시는 것이다. 난 속으로 약간 무시당한 듯 하여 분한 마음이 들었다. 안 가르쳐 주신다면 '내가 반드시 알아내고야 말겠다.'라고 다짐하였다.

교당 간사의 일과는 아침 좌선 시간과 식사시간 외에는 엉덩이를 대고 앉아있을 시간이 거의 없었다. 당시 보일러 난방은 조개탄인 그래뉼탄을 매일 2~3포씩 땠다. 그 탄을 넣고 재를 빼내면 옷이 까맣게 되고 나중에 목에서 피가 나기도 했다. 내 전임간사는 연탄을 여러 장 갈다가 가스중독으로 병원에 가기도 했다. 간사 생활이 너무 힘들었으나 새벽 좌선 시간에 단전주를 하고 나면 피곤이 다 풀렸다. 새벽 좌선은 진경에 드는 행복한 시간이어서 너무나 기다려지는 시간이었다.

나는 간사 생활을 하면서도 저녁에 틈나는 대로 『원불교전서』, 『한울안 한이치에』, 『청풍월상시 만상자연명』, 『구도역정기』, 『함께한 서원의 세월』, 『선진문집』 등을 읽었다. 특히 『대산종사법문 1집』부터 읽기 시작하여 2집을 읽고, 3집을 볼 때는 정말 눈을 뗄 수가 없었다. 대산 종법사님이 꿈에 나오셔서 함께 탁구도 치고 등산도 하였다. 법회 때 융산 교구장님의 법문은 참 간결하고 시원하였다. 또한 교당 다른 교무님들 뿐 아니라 초청법사로 오시는 교무님들의 법문도 들으며 설법노트에 열심히 적었다. 『선진문집』중 공타원 조전권 종사의 내용을 보니 설통 하셨다고 하여 나도 설통은 해봐야겠다고 그때 마음먹었다.

종로교당은 총부에서 어른 교무님들도 많이 오셔서 설법하시면 밤에 마사지를 해드리면서 많은 의문을 해결하곤 하였다. 당시 부직자였던 조상호 교무님과 한방을 쓰며, 연말이면 사업성적 출석 등을 정리할 때 서로 업무가 끊어지지 않게 상호교무님이 목욕탕에 가면 대신 내가 처리하고 서로 바꿔가며 일을 했는데 연말이면 몸무게가 5kg정도 빠질 정도로 일이 몰렸다. 당시 교당 회보는 원고지에 일차로 써주면 을지로 청타집에 맡겼다가 다시 찾아와서 수정하고, 다시 가서 맡겼다가 청타가 다 되면 또 가서 회보를 찾아오곤 했다.

융산님은 더운 여름에도 선풍기를 켜지 말라고 하신다. 법회에 오신 교도님은 더우니까 자꾸 선풍기를 틀면 끄라고 수신호 하여 끄고 다시 교도님은 켜고를 반복하고 결국 나만 혼나는 곤란을 겪었다. 간사 근무를 하면서 원광대 원불교학과 접수 기간이 되어 접수하고 면접을 보고 다시 학력고사를 보았다. 시험결과가 합격이었다. 아버지께 전화하여 원불교학과 시험에 합격했다고 말씀드리니 '난 네가 서울대학교 법대에 합격한 것보다 더 좋다.'고 하시며, 대승경전인 화엄경의 '초발심시 변성정각(初發心時便成正覺)'을 말씀하시고 편지에 써 보내주셨다. 사심을 놓고 결정한 오롯한 초발심 내는 즉시 정각을 이룬다는 말씀이었다.

대종사님께서는 좀 모자란 제자를 미국 대통령과도 바꾸지 않겠다고 하셨다 한다. 한 나라를 위한 지도자보다 국한없는 세계사업을 하는 사람인 전무출신, 대종사님의 포부와 경륜을 해나갈 주인이기 때문일 것이다. 간사 때 밀걸레를 한 손에 두 개씩 네 개를 들고 노래를 부르며 큰 교당에서 복을 더 지을 수 있으니 좋다 생각하고 열심히 했다.

그런데 어떤 교무님이 오시더니 전생의 빚이 많은가 보다 큰 교당에서 네가 고생한다고 하시는 것이다. 당시 나는 그 교무님의 말씀에 동의가 되지 않았다. 숙명적 인과도 있지만 동시에 창의적 인과를 같이 봐야 하기 때문이다.

우연히 신문을 보다 교당 바로 옆 낙원상가에서 붓글씨 무료강좌가 있다는 광고를 보고 관심이 있어서 그 부분을 오려서 공사시간에 붓글씨 배우고 싶은데 어떻게 할까요? 물었더니 양산 김중묵 종사님의 동생 김태호님을 이야기 하면서 못 배우게 하여 아쉬운 마음이었다. 이 아쉬움은 뒷날 원불교학과 서도반에서 조금 배우게 되었다. 부직자 때는 붓과 벼루 등을 가지고 다니다가 안암교당 가서 우보 김병규 선생께 붓글씨를 배우게 되었고, 그 과정에 한겨레신문 조현 기자와 함께 하다가 인연이 더 깊어지게 되었다.

예비교무 시절

1990년, 간사 생활을 마치고 원광대학교 원불교학과 1학년에 복학하였다. 제대하고 간사 생활을 하고 갔기에 학년에서 동기 중 형님 축에 들게 되었다. 간사 때 하라는 숙제를 하지 못해 얼차려와 함께 신입생 훈련 틈틈이 정전이나 독경을 써야 했다. 신입생 훈련을 마치고 학림사에 방 배치를 받았다. 각 학년 한 명씩 4명이 한방에 함께 살게 되었다. 그런데 우리방원 중 선배 한 명이 징계를 받아 백일기도를 올려야 했다. 저녁 염불 이후 9시 30분 심고를 올리고 옥상에 올라가서 4명이 기도를 했다. 기도문은 돌림 설명기도를 했다. 비가 오면 보일러실에 들어가 기도를 하였다. 이 벌칙을 통하여 방원들은 단합이 되어 모범방에 선정되고 운동을 해도 1등을 하게 되어 따로 단합을 위해 시내 식당이나 산에 가지 않아도 되는 것을 체험하였다.

언젠가 출가일성(出家一聲)을 써내라고 했다. 출가의 한 소리, 즉 출가 서원을 써서 내라는 것이다. 나는 자신있게 '영생의 행복자가 되기 위하여'라고 써서 냈다. 여러 지역에서 나이 차이도 10살도 넘는 사람들이 함께 생활하니 다양하고 복잡하였다. 세면장의 도구가 어질러져 있고, 누가 써버리기도 하는 등 여러모로 실망스러워 나도 모르게 불만이 쌓여가고 밝은 인상이 나오기 어려웠다. 한번은 생각해보니 '누가 인상을 쓰는가? 내가.' '누가 힘든가? 내가.' '누구 마음이 괴로운가? 내가.' 나만 손해라는 생각이 들어서 허허실실 모드로 바꾸어 살아가게 되었다. 그랬더니 같은 학년 어린 동기들이 더욱 가까이 다가오는 것을 느끼게 되었다.

기숙사에서 목요일 오후에는 공동 작업시간이 있다. 우리가 먹는 채소 등을 키우는 밭을 우리가 가꾼다. 작업이 끝나면 그날 저녁 식사는 일주일에 한 번이지만 사육(四肉), 돼지고기볶음이 나온다. 많이 먹으려는 혈기 넘치는 예비교무와 예산이 걱정되는 식당 임원 사이의 간극, 그날 돼지고기는 엄청 짰다. 살림이 걱정되는 식당 식구를 생각하며 미소 지으며 먹곤 했다.

아침 식사시간 계란 프라이가 나올 때는 특이한 풍경이 벌어진다. 밥을 퍼담을 때 구멍을 파서 안에 하나를 넣고 그 위에 하나를 더 올리면 감쪽같이 한 개만 가져가는 것처럼 보이는 신공을 배우게 되었다.

1학년 여름훈련을 만덕산훈련원으로 가게 되었다. 저녁이 되니 라면을 먹고 싶은 생각이 난 동지들이 캄캄한 밤중에 그릇을 찾아 맛있게 끓여 먹고 잤는데, 그다음 날 아침에 식당 식구가 하는 말이 '개밥그릇을 누가 깨끗이 씻어놔서 고맙다.'라고 말하는 것을 듣고 모두가 원효대사의 해골물을 생각하며 웃었었다.

총부 안의 학림사 주변에 일생을 헌신하시고 퇴임하시어 수도원에 살고 계시는 원로교무님들이 많았다. 한번은 방원들과 함께 훈타원 양도신 원로교무님 방을 찾아가 대종사님 당대의 이야기도 듣고 묻기도 하는 시간을 갖게 되었는데 너무나 기쁜 시간이었다. 그래서 그 후 혼자 훈타원 양도신 원로교무님, 정타원 이정은 원로교무님, 양산 김중묵 원로교무님, 상산 박장식 원로교무님, 모산 장성진 교무님 등을 찾아다니며 수행에 대해서 묻기도 하고 교화에 대한 여러 이야기도 들었는데 참 행복한 시간이었다.

주중 야회(夜會)시간에 가끔 대종사님을 직접 모셨던 원로교무님을 모시는 날이면 미리 그분의 기록을 읽고 말씀을 받들었다. 참 행복한 시간이었다. 동지들의 출가감상담을 듣는 시간도 참 행복한 시간이었다. 가끔 서원이 없이 온 사람의 이야기를 들으면 화가 나기도 하였다. 한 사람의 출가 과정을 듣다 보면 난 울보가 되어 알게 모르게 참 많이도 울었다. 그러다 보니 눈물이 날 때 눈물이 덜 나오게 하는 방법도 터득하게 되었다. 눈을 뜨고 고개를 들어 대각전 천정을 보면 눈물이 덜 나오는 것을 경험했다.

당시에는 정치의 혼란으로 대학수업 대신 데모도 많이 했고, 기숙사 내부에서도 젊은이들이라 여러 가지 일이 발생하였다. 2학년 말경 임원을 선정하는데 원불교학과 학생회장으로 학년에서 지목을 받았다. 앞에 2명의 회장이 여러 일로 공부를 그만두는 일이 발생하였기에 나를 시키면 나가지는 않을 것이라는 생각에 지목했다고 한다. 그래서 나도 옵션을 걸었다. 내가 부탁하면 가능한 한 합력해준다면 하겠지만 시켜만 놓고 합력하지 않으면 바보처럼 맡지 않겠다고 하니 도와주겠다고 동의해줘서 학생회장을 맡게 되었다.

총부 구내 상주선원에서 다른 대학의 이웃 종교 예비교역자들의 대회를 열게 되었다. 우리 학생들의 사물놀이패 동남풍이 공연을 맡게 되었다. 그런데 마침 수도원 원로교무님의 초상이 나게 되었다. 연락이 오기를 초상이 났으니 실내이지만 사물놀이는 하지 말라고 하셨다. 그 지도를 따르면서 속으로는 교역자는 아침에 발인식 독경하고 낮에 생일기도, 회갑축원기도를 하는 것인데 발인독경하면 다른 것들은 안 해야 하는가? 하는 의문이 들었었다.

학생회장 시절 의견이 들어오기를 도올 김용옥박사가 원광대 한의대 학생으로 공부하고 있다며 우리 원불교학과 학생들에게 강의 하고 싶다는 내용으로 만나기로 되었다. 원광대 의대 맞은편 대학로의 자취방으로 찾아가서 첫 만남을 가졌다. 저녁때 혼자 방으로 찾아 들어가니 도올 선생님은 앉아계시고 통나무출판사의 편집장을 하는 김인해 씨가 대뜸 큰절을 올리라고 하는 것이다. 놀라기는 했지만 나는 '서원을 세워 출가하신 200여 명 예비교무님을 대표하여 온 사람이다. 큰절은 하지 않겠다.'하고 앉아 인사말을 하였다. 다행히 이야기가 잘 되어 우리 원불교학과 학생들에게 도덕경과 문화인류학을 직접 강의하시고 서울대 문화인류학과 교수님을 모셔서 이야기를 듣는 시간도 마련하여 새로운 경험과 자극의 시간이 되었다.

또한 도올 선생과 함께 손진책 씨가 이끄는 극단 미추의 연극인 신구, 권성덕, 김성녀 씨 등을 모셔와 대각전에서 연극을 열기도 하였다. 처음에 연극에 관심이 없다가 나중에는 표를 달라는 협박 아닌 협박까지 받을 정도로 만석이 되었다.

예비교무들이 일원제라는 문화행사를 열어서 학교에서 찻집, 좌선대회들을 개최하는데 과거 선배회장님은 총부의 간부를 찾아서 1시간 말씀 듣고 만원을 희사 받곤 하였다는 이야기를 듣고 나는 대학 총장, 보화당 사장, 애용하는 중국집 사장 등을 찾아서 희사를 받아 잘 쓰고 후배들에게 100만원 이상을 남겨주게 되었다. 알량한 자존심 때문에 누구에게 아쉬운 이야기를 어려워하는 내가 공적인 일에 공적으로 쓴다는 것이 자신감을 갖게 해주었다.

다행히 동기 교무님들이 너무도 잘 도와줘서 무사히 1년간의 회장직을 마치게 되었다. 마치며 든 생각이 배움이 많은 기회였다는 것과 앞으로 교역자의 일을 함에 있어서 어떠한 일이 오더라도 두려울 것은 없겠다는 생각이 들었다.

4년간 원불교학과 교수님들과의 배움이 참 소중했는데 특히 석산 한정석 교수님의 열정적 교수법은 행복한 시간으로 안내해주셨다. 어떤 교수님의 법력은 수업시간에 학생들 대부분을 잠자게 만드는 능력도 있으셨다. 너무 이론적이고 사변적인 경우 특히 더 그랬던 것 같다. 후배 학생들임에도 학교 임원을 맡아서인지 그렇게 열정적이지 않는 교수님께 실망감도 컸다.

학림사 앞에 땅을 다져 족구장을 만들고 네트를 사서 열심히 족구도 하였다. 주중에 열리는 원광대학교 대학교당 법회도 거의 빠지지 않고 참여하였다. 족구를 하다가도 법회 시간이 되면 자전거를 타고 원대 법당을 찾아 교화의 꿈을 키워간 것이다. 4학년 여름방학 때 동지들은 교무 1차 고시 공부를 하는데 나는 만덕산 여름 선방에 참여하였다. 승산 양제승 교무님의 명쾌한 일원상 법문해설은 마음이 더욱 살아나는 시간이었다. 1차고시를 보고 융산 김법종 추천교무님의 지도와 주례로 광주교당에서 지금의 연타원과 결혼하고 대학원 대학교에 들어가게 되었다. 신제주교당에서 교화실습하게 되었고, 대학원에서는 돈을 걷어 농구대를 설치하고 운동도 열심히 하였다.

원기 79년(1994) 2차고시를 합격하여 12월 출가식을 하게 되었다. 출가식 중에 당시 좌산 종법사께서 직접 원불교전서에 서명을 하시어 선물해주시는 시간에 전서를 받으면서 혼자 속으로 다짐하였다. '종법사님! 제가 이생에 최소 30명 이상 전무출신 발굴하겠습니다.' 지금 그 다짐을 이미 이뤄서 숫자를 상향 조정하게 되어 참 다행이고 기쁨이다.

🌸 첫 발령지, 서울 원남교당

1995년 1월 둘째 주에 원남교당 교도님들께 부임인사를 하였다. 당시 심타원 박순정, 은성의 교무님과 함께 가게 되었다. 30대 초반의 나는 어린이와 청년법회를 맡게 되었다. 청년들 숫자는 십여 명이 출석하였다. 만나보니 나이가 내 또래도 있고 또는 더 먹은 사람도 있었는데, 원불교를 다닌 기간이 나보다 오랜 경우도 있었다. 그런데 원남교당에는 참 이상한 점이 있었다. 일반교도 중에 30~40대가 거의 없다는 점이었다. 연구해보니 청년회를 마치고 결혼하면 일반법회로 올라가지 않고 배우자랑 안 나오는 경우가 대부분이었다. 그 원인은 활동위주 공부종이었다는 것이라 판단하고 4월 첫째 주부터 수요 정전공부방을 열었다. 처음 3명이 참석했으나 점차 한두 명씩 늘었다. 그중에 강진영이라는 여자 청년이 휴가를 받아왔다고 하는데 교당을 오래 다녔던 사람이었다. 그런데 우리 교법은 잘 모르고 생활과의 연결이 없는 것 같아 화가 날 정도로 골려주며 공부심을 북돋았다.

교당 가까이 서울대 병원과 창경궁이 있고, 성균관대학교가 있었다. 성균관대학교 원불교 학생회가 있었다가 없어졌다는 이야기를 듣고 재창립하기로 마음먹고 신입생과 재학생들을 모았다. 재창립 법회를 위해 미리 만나 식사도 하였고, 법회 전날 연락도 미리 하였다. 그런 교당에서 첫법회 시간이 다 되었는데 시작 시간에 아무도 안 와서, 온다고 한 사람들이 오리라 생각하며 기다렸으나 결국 아무도 오지 않았다. 그때 온갖 생각이 들었다. 먼저 감정적으로 '이 녀석들이 나를 뭘로 보는 거야. 종교인에게는 약속을 어겨도 되는 거야.'는 등 온갖 생각들이 들다가 갑자기 선진님들이 생각났다. 나는 어엿한 교당의 법당이 있고 장부도 다 갖추어져 있는 곳인데, 예전 우리 선진님들은 아무도 없는 곳에 빈손으로 가서 인연을 교화하고 교당을 신축하는 일들을 해내셨다는 생각이 들었다. 그때 든 생각이 현장교화 20년 하신 교무님께는 난 무조건 고개를 숙이겠다는 것과 퇴임하신 어른들께 꼭 공양이라도 올려야겠다는 숭덕존공(崇德尊功)의 생각이 들었다.

이화여대 원불교 동아리 법회에 나가면서 이대 운동회에 지도인도 출전해야 한다고 하여 축구를 하는데 중앙선쯤에서 먼저 한 골을 넣어야 안심이 될듯하여 롱숏으로 넣었더니 그 뒤부터는 공대 여학생들이 나를 둘러싸서 꼬집고 때리고 난리였다. 다행히 운동 실력 덕에 준결승까지 가게 되어 기독교 학교에서 작은 원불교 동아리 식구들과 이대생들에게 위상과 홍보의 기회가 되었다. 처음 현장교무로 출발하며 종교가 교도님들께 너무 많은 시간을 빼앗으면 안된다고 생각했었는데 교화를 경험해보니 이상하게도 교당에 시간을 더 할애하는 사람이 더 신심도 나고 결국 진급하는 것을 보며 생각이 바뀌게 되었다.

지·정·의(知·情·意) 세 방면 중에 일주일 한 번의 법회는 정과 의에 해당하며 법회의 힘이 약해지기에 나는 뛰어난 대종사님의 정전이 있으니 중간에 지(知)를 넣은 정전공부방을 해야 공부심이 이어지고, 공부위주 교화종, 교화위주 사업(활동)종을 할 수 있으리라는 생각으로 청년법회, 성균관대법회, 이화여대법회와 각각 공부방을 하니 일주일에 총 6회가 되고 교당 내의 다른 법회 설교를 하게 되니 언젠가 계산해봤더니 월 27회의 설교를 하여 3년간 근무하는 동안 약 천회정도의 설교를 하였다. 교전을 보고 책 볼 시간의 여유가 없어서 걸어가나 앉으나 누구의 이야기를 들으나 다 법문연마가 되게 하는 계기가 되었다. 불법과 생활이 연결되는 설교가 연마된 듯하다.

원남교당에서 3년간 근무하며 강진영 교우를 필두로 남녀 각 4명씩 8명이 전무출신 서원을 하게 되어 참 기쁜 마음이었다.

일반법회로 연결되지 않는 문제는 공부와 정기훈련을 통해 마음이 살아나서 아예 한 단을 만들어서 일반교도로 진급을 시켰다. 난 진급 법회를 본 날 방에 들어가 홀로 기쁨의 눈물을 흘렸다. 왜냐하면, 원남교당의 끊어진 세대를 이어지게 했기에 밝은 미래를 기대할 수 있었고, 현재 그 사람들이 일반의 단장 중앙 등 주역으로 활동하는 것을 볼 때 교역자의 기쁨과 보람을 느낀다.

일반 여자 교도님 중에 무언가 오해가 있어 교무인 나를 죄인 취급하며 요인들에게 전화로 험담하여 어느 날엔가 법회 후 교도님들께 인사하는 나를 바라보는 눈빛이 달라졌음을 느끼고 참 괴로웠다. 신뢰받지 못하면 위상이 약해져서 교화하기 어려운데 어떻게 하나? 오해하고 있는 교도에게 이해도 시키려 노력도 해보고 항변도 해보았으나 통하지 않았다. 사실 우리 전임 교무님도 그분 때문에 힘들어서 인사이동을 간 것이다. 간사 때 보았던 성품 자리를 잘 간직하며 양성과 솔성 공부를 잘하는 줄만 알았는데 그것이 쉽지 않았다. 그러다가 백척간두 진일보(百尺竿頭進一步)의 화두가 생각나서 책상에 한자로 써 붙이고 연마했다. 현재 나의 상황이 백척간두의 힘든 상황에서 어떻게 진일보할 것인가? 어느 날인가 진일보가 아니라 손을 놓고 춤을 출 수 있겠다는 생각이 들면서 그 경계를 해결하게 되었다. 상대분은 아직도 나를 오해하는지 난 모르지만 나는 그 경계가, 경계가 아니게 되는 귀한 공부의 기회가 되었다.

교무님과 교도님들을 통해 많은 배움이 있었다. 특히 보산 고문국 종사님, 양타원 송경심, 신타원 김혜성 종사님, 수산 조정제 회장님 등 많은 분을 통해 배움의 기회를 갖게 되었다. 원남교당에서 새롭게 느낀 점은 교도님 일년 결산을 해보면 교당에 낸 희사금보다 국내외 교단에 희사하신 것이 더 많다는 것에 많이 놀랐다. 과거 원남교당 교무님이셨던 승타원 송영봉, 향타원 박은국교무님께서는 교단의 장자로 역할 할 수 있도록 지도해주신 덕택이었다. 평소 교화는 10년 정도 해야 효과가 있다는 생각이었으나, 모시고 살던 심타원 교무님께서 3년 만에 이동하시면서 어쩔 수 없이 인사이동서를 쓰게 되었다. 3년간 첫 발령지 원남교당은 나에게 있어서 은혜 가득한 교화 첫사랑지이다.

🌸 전남 청소년 수련원에서

1998년 1월 첫째 주 원남교당 일반 청년 교도님들과 아쉬운 작별인사를 하고, 새로 전라남도로부터 수탁받은 완도의 전남청소년수련원이 개원하게 되어 가게 되었다. 평소 일생을 교화 현장에서만 살겠다는 마음이었기에 옷도 교당 내에서 입을 것 외에는 다 없었는데 일반 사회 사람들도 만나는 교화지로 가게 된 것이다.

비오는 날 큰 이삿짐 탑차 속에서 가족과 함께 9시간을 내려가게 되었다. 인사이동서 한 장의 위력은 대단했다. 서울에서는 자주 병원에 가던 어린아이들이 완도에 가니 병원에 가지 않게 되는 것을 보며 공기와 음식 환경의 중요성도 알게 되었다.

수련관의 서무과장 겸 관리과장을 하게 되었다. 수련관은 완도에 새로 지은 제일 큰 신축건물이었다. 600명이 숙식할 수 있는 크기였으나 공사업체가 고의로 3차 부도를 낸 건물이어서 비가 오면 비가 새는 곳이 100여 군데 되어 통을 들고 뛰고 옥상 방수작업, 운동장, 입구 대문, 내부 방 9개를 새로 만들면서 건축에 대해 눈을 뜨게 되었다.

당시 도청의 담당자와 친했으며 직원 중에 헌신적인 최종기 기사를 만나 많은 일을 하게 되었다. 반면 같이 근무하는 분들을 통해 인간의 능선능악(能善能惡)을 경험하게 되었다.

내 눈에는 건물 주변의 쓰레기나 전깃불이 켜진 것이 잘 보이는데 직원들은 잘 안보인다고 하여 주인의 눈에는 보이고 손님의 눈에는 일이 안보이나 하는 생각이 들었다. 청소년 수련관에서 청소년 교화를 한다고 하는데 내가 생각하는 청소년 교화와 여기의 교화는 많이 달랐다.

한번은 주방장이 사적 이익을 취하고 음주가 심해서 결국 그만두게 하는 결정을 내리는데 너무나 힘든 마음이 들었다. 중생을 살리겠다고 출가한 내가 가정이 있는 세대주의 직장을 그만두게 할 때 힘든 마음이었으나 어쩔 수 없는 선택이었다. 출발할 때 진 약 2억 원의 빚을 2년간 거의 갚고 광주교당으로 이동하게 되었다.

연타원 박성석교구장님께서 많은 지원을 해주신 덕택에 지금은 감사한 마음으로 퇴임하신 후 계속 찾아뵙고 있다. 광주교당에서 청년 한 개 단을 일반법회로 진급시킨 것이 제일 큰 보람이었으나 공부방을 열지 못하고 1년 만에 교구장님의 인사이동에 따라 이동하게 되었다.

왕이 경작하던 터전, 전농교당

2001년 1월 둘째 주 서울 동대문구에 있는 전농교당 보좌교무로 가게 되었다. 골목 안에 있는 교당은 열악한 환경이었다. 어린이, 학생, 서울시립대 원불교동아리, 청년을 맡게 되었다. 화끈하고 실력있는 운타원 이운숙 교무님 모시고 둘이 근무하게 되었다. 부임한 해 9월 첫째 주부터 정전공부방을 시작하게 되었다. 공부방은 해야겠는데 교무가 끌고 가면 오히려 역효과가 날 수 있기에 김현종 청년에게 따로 당부를 하였다. '자네가 청년들을 규합하여 법회 외에 따로 정전공부방을 하게 해달라고 내게 와서 이야기하면 내가 쉽게 허락하지 않다가 자네들 다짐들을 단단히 받고 시작하겠다.'라고 미리 공모하여 정전공부방을 순조로이 시작하게 되었다. 청년뿐 아니라 일반교도도 함께 하게 되었다. 훈련과 합해져서 전농교당에서도 전성욱, 김인식, 박원진 청년이 출가하게 되었다.

청년법회가 연 400% 교화성장이 되었다. 그래서 드는 생각이 서울 동북권에 대형교화를 해 볼까 하는 생각이 들었다. 그런데 교도회장단이 생각하기에 나를 부담스러워한다는 이야기를 전해 듣고 어떻게 해야하나 고민하였다. 또한, WBS라디오 원음방송이 시작되어 4년간 정전강의를 하게 되었다. 삼삼회 회장이신 장타원 김혜전 회장님의 적극적 압박에 삼삼회에 정전 강의를 시작하여 정전 처음부터 끝까지 12년간 다 하게 되었다. 강의 허락은 내 속으로 출가하는 청년들 후원 얻을 요량으로 동의하게 되었고, 삼삼회 출석 2배로 키워달라고 하시어 노력해보겠다고 하여 결국 어느 정도 약속은 지킨 듯하다.

중간에 이운숙 교무님께서 교육부장으로 가시고, 유럽교구장을 하셨던 밀타원 진문철 교무님께서 주임교무님으로 오셨다. 밀타원님이 오시자 대형교화를 위한 신축을 해보자고 합의되어 교도님 한 분씩 만나서 설득하였다. 3년간 내실 유지보은금에 조금 더 보태서 3년 적금으로 내주시면 교당에서는 절약하여 어떤 기회가 오면 부동산을 매입할 생각으로 청량리 주변 복덕방을 40여 곳 가보았다. 그런데 보좌교무의 규모가 부담스럽다는 말을 전해 듣고 마음을 바꿔서 밀타원님과 이야기 끝에 다른 교당으로 가서 대형교화를 해보기로 하였다.

🌸 앞일바위 안암교당

묘하게 교정원의 정책 기조와 맞물려 안암교당으로 가게 되었다. 당시 청소년교화 정책교당 정책인사로 전주 노송교당, 군산 나운교당, 서울 안암교당이 선정된 것이다. 그리하여 2005년부터 14년을 안암교당에서 근무하게 되었다. 전무출신 역량개발 교육에서 액션러닝과 People smart 활용을 배워 교화에 잘 활용하게 되었다. 대형교당 구상에서 여러 사정으로 인재 교화로 전환하여 마음공부학사를 구상하게 되어 2011년 6월 마음공부학사를 전세로 시작하게 되었고, 현재 교당 뒤편 삼익아파트 56평과 전세집을 얻어 남여 학사로 운영 중이다.

학사기금을 모으기 위해 매년 바자회를 개최하고 성가, 천도, 독경, 기도 CD 4집 · 『청춘출가』 책을 출간하게 되었다. 청춘출가1을 쓰게 된 이유는 당시 3년간 9명이 출가하게 되었고, 상급기관에서 인사로 장난치는 것을 보며, 이렇게 교화하는데도 장난칠 것이냐는 항의성의 한타까운 마음과 어떻게 교화하여 출가자 배출을 하게 되었는지와 출가자들이 어떤 과정을 통해 출가를 결정하게 되었는지를 읽은 청소년과 젊은 교역자를 위해 낸 책이기도 하다.

출가단회에 김지정 교무님이 같은 단에 있었다. 언젠가 일생을 현장교화만 하고 퇴임하고 싶다고 말했는데 기회가 될 때마다 조선일보,

중앙일보, 한겨레신문의 종교 관련 기자들을 소개해주셨다. 중앙일보 백성호 기자와의 인연이 지금도 이어지고 있고, 특히 한겨레신문 조현 기자와의 만남을 통해 여러 종교인 모임 환희당(歡喜堂)을 결성해 모임공부 방식의 포럼을 제안해 시작하여 10여년이 지난 지금도 매월 그 모임을 갖고 있다. 중간에 목에 낭종이 생겨 병고로 3개월간 법회를 못 보고 만덕산 효소단식원에 회복차 갔다가 한영훈 교우를 만나 일주일 만에 출가 결정하는 인연도 만나게 되었다.

정전마음공부방을 몇 번 들은 사람들이 공부방의 심화반을 또 만들어 달라는 요청에 의해 연구하다가 2008년부터 '7일간의 출가여행'이라는 훈련 프로그램을 만들어 영산·변산·익산의 성지에서 25~30여명의 청년과 일반교도가 함께하는데 이것이 출가 결정의 큰 계기가 되기도 하였다. 7일간의 출가여행에 5일간 오전 시간에 모신 분은 서산 이종진 종사, 전산 김주원 종법사, 성산 이성국 원로교무, 농산 남궁성 원로교무님이시다. 젊은이들에게 수행의 기쁨과 인생의 전환점, 선진님들의 혼을 느낄 수 있게 하려고 하였다.

WBS라디오에서 4년간 강의 후, KBS라디오 극동방송 1년간, WBSTV 2년 반을 정전강의 하는 중 2018년 10월 갑자기 봉도수위단원이 되었다고 연락이 오더니 인사이동의 명을 받게 되어 교정원 교화부원장 겸 교화훈련부장으로 오게 되었다. 안암교당의 14년은 내 인생에 있어서 40대~50대 중반까지를 보낸 곳이다. 진타원 신혜운 회장님, 준산 강준일 회장님과 반타원 하명선 교도님 등 일반교도님과 청년 진대성, 이현도, 서도안, 양도인 회장등과 열정적인 청년들이 잘 도와주어서 너무나 행복하게 대종사님 법을 공부하고 훈련하고 교화한 곳이다. 20명이 넘는 전무출신 배출과 청춘출가책 출판, 국제마음공부학사 봉불, 안암교당 카페와 교당뉴스와 영상, 학사마련 바자회, 7일간의 출가여행 등 많은 감사의 추억이 항상 자리하고 있다.

✾ 영원한 세상의 주인이 되기로 다짐하며

교정원에 와서 많은 배움이 있었다. 교단 전체를 바라보는 눈과 교단의 현실을 듣는 귀를 얻게 되었다. 교단의 교화, 행정, 인사, 경제, 현실을 보게 되었다. 총부는 자력 있는 사람에게는 대진급의 기회가 되지만, 자력 없는 사람에게는 쉽지 않은 곳이라는 것도 알게 되었다.

대종사님의 일원대도에 바탕하여 전산 종법사님과 홍산 교정원장님의 경륜과 교정정책을 따라 부서에서는 교단의 미래를 위해 정기·상시 훈련 생활화, 청소년 교화에 역점을 두며 출가교역자를 위한 교화정보센터 활성화, 전교도 법위향상을 위한 정책들을 수행하고 있다.

미래 시대성을 생각해볼 때 방송교화와 유튜브 등에 불공이 필요해 개인적으로 유튜브 '김제원교무TV : 행복한 마음여행'을 개설하게 되었다. 시대에 맞는 교화를 시도해보고 후진들의 디딤돌이 되고 싶은 마음에서 시작했다.

평상시 해외 교화자들은 뵐 때 마다 꼭 나를 대신해서 고생하고 있는 듯 하여 항상 고맙고 미안한 마음이었고, 초기교단에 들어와 세계교화에 뭔가 도움이 되고 싶은 마음이 있었다. 그런데, 미국 다르마센터 봉불식에 출가를 결심한 몇 명의 청년과 함께 갔는데, 외부에 비닐

하우스로 만든 임시 봉불식장에서 한가지 든 생각이 있었다. 봉불식장에 많은 분들이 있었는데 젊은이들 숫자가 적고 장년 노년층이 대부분이었다. 그때 혼자 속으로 결심했다.

세계교화를 위해 전 세계 초등학생 포함해 누구에게나 우리 대종사님의 법이 쉽게 전달되면 좋겠다. 대종사님 예화집을 영어로 편집 번역해 세계교화에 일조하고 싶다. 우리 소태산 대종사님의 짧은 예화로 고르되 외국인에게 도움이 되지 않는 예화는 빼고, 보기 좋고 이해하기 좋게 삽화를 넣어서 영어로 번역하자. 영어번역본이 나오면 그다음 중국어, 스페인어, 일어 등등 다른 나라 언어는 쉽게 될 수 있을 것이다. 여러 사람의 도움을 받았지만 번역과 함께 삽화 작업이 쉽지 않았다. 가능한 한 그 시대의 의상, 신발, 머리 모양, 가구까지 확인절차를 거쳐서 하려고 하였다. 6년이 넘게 작업을 해왔는데 금년 말이나 내년 초에 한글2권 영어2권이 먼저 나올 수 있을 듯 하다.

우리 대종사님의 일원대도를 만나 열심히 기쁘게 뛰었고 보람이 가득하며 참 행복한 마음이다. 그러나 무명과 욕심으로 인해 주변에 아픔을 준 일도 많다. 그래서 항상 참회의 마음이 깊숙이 자리하고 있다. 대종사님께서 내놓으신 신앙길을 통한 세상과 주변의 관계관리, 수행길을 통해 안으로 자기 심신 관리를 배워 세상과 자기관리를 아우르는 우리 교법이 나는 참 좋다. 스승님을 통해 새 세상을 만나게 되었고, 참나가 누구인지 알게 되어 좋고, 나와 세상과의 관계를 알게 되어 좋고, 국한을 넓혀 살게 되니 좋고, 영원한 세상에 주인으로 살게 해주시니 참 좋다.

연원이 된다는 것

보산 김제원 교무

  생명이 자라도록 물길을 찾아가는 일은 결코 소홀하거나 방심해서는 안 된다. 연원(淵源)은 물길이 되는 길이다. 새 종교 원불교 교도의 길로 인도하거나 출가의 길에 손 내밀어 주는 일이 연원의 일이다. 연원이 되려면 늘 샘솟아야 한다. 그래야 마음을 적시고 세상을 적실 수 있기 때문이다.

  나의 출가의 길은 목마른 누군가에게 물길이 되고자 했던 구도의 과정이다. 지난 2012년 9명 출가자의 발심과 서원의 과정을 담담히 기록하여 청소년 교화의 나무 한 그루 한 그루를 심어왔다. 그 나무들이 숲이 되기를 바라고 많은 출가자 배출을 염원하며 『청춘출가』를 출판한 지 8년 후 조금의 변화가 있었다. 스스로 샘물이 되고 물길이 되고자 했던 마음이, 교당이 그러하고 원불교가 그러했으면 하는 바람이 더욱 간절해졌다. 이 마음과 몸짓에 함께 했던 8명이 출가에 발심을 하게 되었다. 그 쉽지 않은 여정을 모아 다시 『청춘출가2』를 발간하게 되었다.

8명 한 사람 한 사람에 대해 어떤 사람이고 어떻게 지도하였는지 교무의 입장에서 적어보았다. 복중에 인연복이 최고라 한다. 그런데 그중에 출가의 연원은 과거 전생부터 깊은 인연이 있어야 한다. 참 공부인은 대종사님의 삼학팔조 사은사요의 훌륭한 교법이 온 세상에 가득하도록 참 나의 본래 주소를 먼저 알아야 주변인의 삶이 아닌 주체적 주인의 삶을 살아갈 수 있다. 수많은 경계 속에서 참 나를 지키고 단련하여, 참 나를 마음껏 실현해 가며, 이 세상의 무지와 가난과 질병이 해결되고, 평등 평화의 낙원세상이 되려면 앞에서 이끄는 선도자들이 필요하다.

여기 출가 서원을 세운 8명은 젊은 구도자요 서원자이다. 이들이 모두 이 세상의 빛이 되고 희망이 되어 세상을 아름답게 만드는 역할을 하여, 보다 좋은 세상이 빨리 오기를 법신불 전에 기원 올린다. 교단의 미래와 세상의 미래는 도덕성이 살아있는 인재들이 제 역할을 치열하게 해낼 때 비로소 밝게 열리리라 확신한다. 이기주의와 가족주의를 넘어서 대 세계주의로 살아가는 주인이 배출될 때, 광대무량한 낙원은 앞당겨질 것이다.

쓰고 싶은 인재를 여기저기 찾기 전에 먼저 청소년교화를 통하여 재가·출가 인재를 길러내는 일이 급선무라 생각한다. 젊은 사람을 키우는 데는 많은 시간과 에너지가 필요하다. 사람을 키우는 일은 나무를 키우는 것과 비슷하다. 하루아침에 되는 일이 아니다. 초기교단의 철든 원불교 신앙인이라면 직접 인재교화를 하거나, 간접 후원의 방식 등을 통하여서라도 청소년 교화에 합력하겠다는 마음이 들 것이다.

우리가 정당한 목표를 세우고 준비하고 연구 노력하면 불가능한 일도 반드시 이루어진다는 것을 확신한다. 우리는 일원상의 진리를 신앙하고 수행하는 공부인이고, 바로 무한동력의 이 마음을 신앙하고 수행하는 사람이기 때문이다. 우리 주변의 많은 성자와 위인들이 본래부터 남다른 씨와 조건을 타고 난 게 아니라는 증거는 차고 넘친다. 하고자 하는 이는 이룰 수 있지만, 안 하고자 하는 이, 안 될 거라 생각하는 이, 한 두 번 하고 마는 이는 결국 될 일도 안 될 것이다. 성공하는 사람들의 공통점은 피와 땀과 눈물 속에 실패를 자본삼고 성실을 공부삼아 불신, 탐욕, 나태 우치가 아닌 오롯한 서원에 바탕하여 신분의성 (信忿疑誠)으로 실천하신 분들이다.

없어서는 살 수 없는 천지, 부모, 동포, 법률의 엄청난 은혜 속에 살아가는 우리는, 보다 적극적이고 진취적으로 살아갈 때 큰 보람과 진급이 함께 자리할 것이다. 소극적이고 부정적인 생각은 대종사님의 교법을 제대로 공부하면 반드시 치유될 수 있다. 본인이 이미 가지고 있는 금은보화를 팔아 마음대로 쓰면 될 텐데 가지고 있는 줄도 모르고 가난하게 사는 사람을 보면 안타까운 마음이 들 것이다. 우리 각자 각자는 내 안에 있는 보물인 이 참마음을 찾아 제련하여 가치있게 활용하는 대종사님의 참 제자가 되길 바란다.

녹차의 고장 전라남도 남단 보성에서 선량한 공무원이신 아버지와 따스하고 신심 공심 공부심이 장하신 어머니의 사랑을 듬뿍 받으며 잘 자란 소대용 교무는 광주 살레시오 고등학교 후배이기도 하다. 교당에서 어린이, 중·고 학생회 활동을 하고 고려대학교 정치경제학부에 입학하면서, 안암교당과 고려대 원불교 동아리에서 열심히 활동한 교우이다. 키 크고 멋진 남학생이면서도 내면은 부드러움과 꼼꼼함이 있는 사람이다. 교당에서 소대용 교무가 청소해 놓은 곳은 다시 보지 않아도 되고, 한번 약속한 것은 거의 어긴 일이 없는 신용 있는 사람이다. 장교로 군 생활을 하면서 지휘 관리의 책임을 맡아 시야가 더 넓어지고 생각의 깊이가 더 깊어졌다. 군 제대 후 더 철이 들어 교당의 주인으로 신앙 수행을 열심히 하였다.

소대용 교무의 총명함은 우리 법을 빨리 알아채게 하였다. 청년회 단장, 부회장, 고려대 원불교학생회 회장 등을 역임하여 날로 신심이 깊어져 대산종사 탄생백주년 행사를 계기로 큰 서원을 세우게 되었다. 수행자이며 교화자로서의 기초를 다지도록 안암교당에서 간사생활을 하게 하였다. 당시 남자 마음공부학사에서 숙박하며 새벽 좌선시간에 결석은 커녕 지각 한번 하지 않은 확실한 수행심과 신용 있는 사람이었다. 확실하고 꼼꼼함으로 교당 일을 실수 없이 해가며 교화자로서 준비해 나갔다.

영산선학대에 편입하여서도 대학원에서도 수행의 일과와 신심 공심 공부심은 일관하였고, 문답을 통해 속 깊은 수양과 성리공부로 공부길을 잡아가는 모습에 든든한 마음이다. 어느 교당 기관을 가더라도 일원대도 회상의 주인으로 교화를 발전시키고 대종사님의 알뜰한 보은자로 서원을 이루며 살 수 있으리라 생각하며 그 기대가 크다. 어느덧 신심 장한 김혜진 정토와 결혼하여 귀엽고 예쁜 딸 현서까지 둔 일원가정을 이루었으며 교당 교무로 윗 교무님을 도우며 청소년 교화를 열심히 하고 있다. 대용교무님의 멋진 남동생 소덕종 교우도 일원의 진리 품속에서 앞으로 큰 사람 되리라 기대한다.

박여주 교무

수도 서울에서 일원가정의 신심이 장하신 부모님 밑에서 잘 자란 박여주 교무님. 모터싸이클 정식 라이센스를 가지고 정식 레이싱 선수생활을 할 정도로 활동적이었고, 대학도 자동충돌방지 시스템 등을 통해 안전한 오토바이를 만들고 싶다는 꿈으로 공과대학에 지원하여 열심히 꿈을 키운 청년이었다.

남학생이 대부분인 공대 기계공학과 1학년 때 안암교당에서 처음 만나게 되었다. 인연의 길을 열어준 분은 부모님으로, 진리불공과 실지불공의 교화력에 결국 안암 청년회에서 활동하게 되었다. 청년법회 때 설법을 집중하여 들었으며, 질문을 자주하는 공부심 있는 청년교우였다. 대학생 때 영어, 일본어 공부, 외국에 어학코스, 야학 봉사 등 다양한 활동을 하고, 컴퓨터, 미디어기기 등에 관심이 많았으며, 특히 어려운 아이들을 위한 교육에 관심이 많았다.

대학 졸업 후 대기업 건설회사에 취업하여 많은 연봉과 함께 인천에서 직장생활을 하였다. 교당에 오면 항상 철학적 사유와 의문이 많아 인간의 욕망, 삶과 죽음, 행복, 미래에 대한 많은 사유와 질문을 자주했으며, 스스로에게서 쳇바퀴 도는 듯한 직장인의 삶을 보고 회의를 느껴, 인생의 궁극적인 행복과 보람을 찾아 결국 출가서원을 결심하게 되었다.

아버지와 오빠의 병고 속에 사업장을 운영하시며 고생하시는 어머니를 생각할 때, 집안의 가장 역할을 해야 할 처지임에도 뒤로하고 출가를 결심하기는 참 어려웠을 것이다. 오롯한 서원과 신심, 공부심으로 의외로 확고한 결정을 하였다. 결정 후 영산선학대에 편입지원 합격하여 안암교당에서 간사생활을 하게 하였다. 수행심이 장하여 다른 간사와 함께 좌선을 열심히 하는 것을 보며 확실한 서원과 신심을 확인하였다. 사심이 없고 공부심이 장하여 경전도 잘 보고 까닭있는 질문도 자주 하였으며 간사의 역할도 잘하였다.

간사근무 후 영산선학대에 복학하여 도반들과의 관계 등을 공부삼아 잘해 갔으며, 원불교 대학원 대학교에 가서 논문도 '상시훈련 어플 개발' 하는 것을 보며 교단 미래교화에 한 역할을 톡톡히 할 것으로 생각한다. 여자교무로서 작은 욕심을 놓아버리고 큰마음으로 서원을 향해 옆도 뒤도 안보고 나아가는 정진 적공심에 박수를 보낸다. 대종사님께 알뜰한 효녀교무님이 되고 영생의 큰 스승이 되기를 심축한다.

🌸 황원공 예비교무

충청도 사람으로 서울대 법대를 나와 사법고시를 준비하던 중 안암교당 친구·가족 초대법회를 통해 처음 안암교당에 발을 들여놓아 원불교를 만나게 되었다. 사법고시 공부하기가 힘들고 쉽지 않았을 것이다. 아버지는 기독교재단의 고등학교 교장선생님으로 재직하고 있음을 생각해볼 때 원불교와는 그 인연이 깊지 않았다. 집안의 부모형제는 당연히 법조인으로의 기대가 있는 것은 당연한 일이었다. 황원공 교우는 성품이 착하며, 인정이 많고, 지혜롭게 잘 묻는 공부심, 성실함 등이 큰 장점이었다.

고려대학교 로스쿨에 다니면서 법학공부와 함께 교화도 하며 교당생활도 열심히 하였다. 그런데 갑자기 재학 중에 출가하겠다고 하여 내가 반대하였다. 원불교의 출가는 재래 불교와 달리 이왕 전문직을 가지고 출가하면 더 보은할 수 있을 듯 하여 시험에 합격해 변호사가 되고 나서 다시 생각하고 지금 출가는 안된다고 이야기하였다. 그런데 정작 본인은 큰마음 먹고 출가하겠다고 하였는데, 내가 반대를 하니 많이 서운했었던 것 같다. 로스쿨을 다니면서 같은 로스쿨생 배성해 교우를 교화하여 국제마음공부학사에도 살게 되고 열심히 신앙생활 하게 되었다. 로스쿨을 마치고 시험에 합격하여 변호사가 되어 출가여부는 결정하기로 하였다. 출가자이면서 법조인으로 잘살려면 경험이 필요하여 먼저 강남의 유명 부장판사 출신의 법률 사무실에서 경험을 쌓게 하였다.

김인의 교우와 결혼도 하고 딸 선제 선유 두 아이도 있는데, 집에 놓고 영산선학대에 입학하여 수학하는 그 심정을 생각해 볼 때 황원공 교우의 구도심과 불연(佛緣)의 힘은 대단하고, 지혜로운 교우라 생각한다. 청년회 활동 중 여러 경계 속에 중간중간 고비가 있었으나 청년법회, 정전공부방, 정기훈련, 7일간의 출가여행, 여러 경전봉독 등을 통하여 우리 교법의 뛰어난 점을 빨리 알아보고 전세의 서원이 있어 출가를 결심하지 않았나 생각한다.

기원전 6세기 인도 카필라국의 태자로 태어난 석가모니 부처님께서 동서남북 사문유관 후 출가를 막으려는 가족의 유혹 속에 왕위와 처자를 놓고 생로병사의 고통을 넘어서고자 사위성을 넘어 출가했듯이, 황원공 교우도 처자가 있고 변호사로서 부귀와 명예를 향해 살아갈 수 있는 조건을 갖추고 있음에도 불구하고 전무출신의 길을 선택한 오롯한 결단에 박수를 보낸다.

원불교를 신앙하지 않는 부모님이 출가를 찬성하기는 당연히 어려운 상황이었으며, 부인과 아이를 두고 출가의 길을 향했다는 것은 진리의 세계를 모르는 범부의 안목으로는 이해하기 쉽지 않은 선택이라 생각된다.

황원공교우의 큰 장점은 스승의 문답, 감정을 잘 받는다는 점이다. 자기의 주견도 있으련만 질문거리를 꼼꼼히 적어 와서 '여기까지 생각해봤는데 어떻게 하면 좋겠습니까?'라고 묻는 그 모습에 더욱 신중해지고 어떤 경우는 방향을 제시하기도 하고, 어떤 경우는 스스로 찾아 결정하라고 안내하기도 하였다. 세속의 욕심을 벗어나 대종사님의 교법에 근거한 판단의 기준으로 잘 살아간다면 시간이 갈수록 모든 일이 잘 풀려나갈 것이라 확신한다. 본인이 생각하는 교화도 어느 정도 충분한 성과를 얻을 수 있으리라 기대한다. 대종사님의 참 제자 되어 세상의 큰 스승으로 대보은자 되기를 심축한다.

🌸 설영우 예비교무

원불교 일원의 진리를 신앙하는 서울의 일원가정에서 훌륭하신 할머님과 부모님 밑에서 자라 여중 3학년 때 전농교당에서 처음 만나게 되어 어느덧 20여 년이 흘렀다. 설영우 예비교무는 학생법회, 청년법회, 일반법회, 공부방마다 피아노 반주를 다 해주었다. 놀기를 싫어하는 성격이 아님에도 불구하고 일주일에 몇 번을 교당에 와서 피아노를 쳐도 투정을 부린 적이 한 번도 없는 참 착한 사람이다. 전농교당과 안암교당에서 나의 설교를 가장 많이 들은 사람 중 하나이다.

설영우 예비교무는 발랄한데 믿음직하고, 순박한데 센스까지 갖춘 사람이다. 고등학생 때 사춘기인지 국가의 교육정책에 불만이 많다면서 학교 휴학하고 검정고시를 보겠다고 하여 겨우 달랜 기억도 있다. '네가 교육정책을 만들고 시행하는 사람이 되라.'고 하였던 기억이 난다. 다행히 고등학교 졸업 후 바로 전무출신 하겠다고 하여, 안암교당에서 간사를 살았으나 경험도 없고 너무 어려서 힘들어했다. 그래서 일반 대학을 졸업하고 나서 다시 출가를 생각해보자고 하여 간사를 그만두게 되었다. 보통사람 같으면 간사를 하다 나갔기에 어색해서라도 교당에 안 다닐 만도 한데, 설영우 교우는 개의치 않고 이를 잘 극복하고 더욱 열심히 신앙생활 하였다.

인생을 살다 보면 여러 경험을 하게 되는 것을 지켜보면서 결국 대학 졸업과 직장생활을 하면서 교당에서 열심히 신앙생활과 훈련, 피아노 반주 등을 하면서 구도심이 더욱 살아나 다시 전무출신의 마음을 세우고 서원서를 제출하였다. 온갖 경계에도 불구하고 오롯한 출가심에 박수를 보낸다. 간사 근무는 좌산 상사님께 훈증을 받게 하기 위해 구룡 시무실로 가게 하였다. 과거 어린 시절과 달리 지도를 잘 받아 열심히 근무하며 진급하여 흐뭇한 마음이다.

영산선학대에 편입학하여 대종사님의 숨결이 가득한 영산성지에서 살면서 예비교역자 시절을 보내는 홍복을 누리며 훈련하고, 어느덧 대학원대학교에 오게 되었다. 이제 안정된 느낌으로 우리 교법에 대한 이해와 확고한 신심으로 대학원 생활을 하고 있다.

1년 후 어느 교당에 교화자로 발령 받아 알뜰히 살 것을 상상해보니 참 다행스럽고 흐뭇한 마음 가득하다. 사심 없고 문화적 감각이 뛰어난 우리 설영우 교우의 그 마음에 확고한 서원과 신심의 기초 아래 원만구족 지공무사한 일원상 진리가 관통되어 대진급하여 대보은자 되기를 기대하며 법신불 전에 축원 올린다.

✿ 한영훈 예비교무

전라북도 중심부에 위치하며, 전주시와 남원 사이에 있는 임실에서 훌륭하신 공무원 부모님의 아들로 잘 성장한 교우이다. 내가 지금으로부터 약 8년 전 안암교당에서 근무하며 너무 많은 일정과 갑자기 겹쳐진 일정에 너무 무리한 나머지 목에 낭종이 생겨 목소리가 나오지 않고 온몸에 병고가 생겨 약 3개월 간 교당법회를 볼 수 없는 동안 여러모로 치료하게 되었다. 법회가 있는 날 교당에서 좌선 후 이른 아침에 있다가 빠져나가야만 하는 상황이 힘들었다. 그때 우이동 봉도수련원에 근무하시던 충타원 최소원 교무님께서 나를 대신 안암교당 법회 설법을 많이 해주셨다.

주변 분들이 전라북도 진안에 있는 만덕산 훈련원에 있는 효소 단식원을 소개해 단식프로그램을 하기 위해 가게 되었다. 단식원에서 함께 있는 분들 대부분이 노년층이었는데 옆방에 젊은 친구가 한 명 있었다. 그 친구가 먼저 와 있었기 때문에 같이 단식프로그램을 하는데 나는 물어보는 입장이었고, 같이 냉수마찰을 한다든가 산행을 하면서 이런저런 이야기를 하게 되었다. 그러던 중 2012년에 출판한 『청춘출가』를 권하게 되었다. 한영훈 교우가 이 청춘출가를 읽고 나서 몇 가지 질문하니 대답해주곤 하였는데 며칠 후 갑자기 '저도 원불교에 출가하여 살고 싶습니다.'라고 하여, '정말이냐?'고 물으니 정말이라고 하였다. '너희 집은 천주교이고 원불교에 안 다니는데 정말이냐?'고 다시 물으니 확실히 결정했다고 한다. 그리하여 부모님의 이해와 동의가 필요하니 전주에 계시는 어머니를 오시라고 했다. 어머니가 만덕산에 오셔서 '아드님이 출가한다고 합니다. 혹시 출가해도 괜찮겠습니까?'하고 물으니, 의외로 어머니께서 '괜찮다.'고 하시는 것이다. 그리하여 만덕산에 단식하러 간 나는 단식원 옆방 단식친구였던 한영훈 청년과 만난 지 2주일 만에 청년이 출가서원을 세워 결정하고 헤어지게 되었다.

군 입대를 한다고 해서 『원불교 교전』과 『대종사님 그때 그 말씀』 등을 봉독하도록 하고 제대하고 보자고 하였다. 남자의 특성인지 몰라도 평소 연락도 자주 안 와서 마음이 바뀌었나 하는 의문도 들었는데, 군복무를 마치고 전무출신 지원을 하고 싶다고 먼저 연락이 와서 마음을 더 확인하고 추천하였다.

원불교를 잘 모르기 때문에 간사근무의 필요성이 있는데, 당시 안암교당에는 간사가 여러 명 있으니, 익산 정토회관으로 간사근무를 보내게 되었다. 워낙 성품이 착하고 성실하며 공부심, 구도심이 있어서 잘 살고 정토회관에서 1년, 상주교당에서 1년간 간사를 잘 마치고 영산대에 입학하여 살고 있다. 가끔 전화나 메일이 와서 보면 본인을 출가시켜주어 너무 고맙다고 한다. 출가하니 너무 행복하고 우리 공부가 체질이라고 좋아한다. 자기 갈 길을 찾았다며 행복하게 나아가는 것을 본다. 아마 전무출신으로서 큰 마음 큰 사람으로 큰 일 할 거라 확신한다. 아들의 마음을 잘 아신 어머님도 결국 입교하여 전주에서 교당에 다니며 열심히 신앙생활하고 계신다. 일자출가 구족생천(一子出家九族生天)이 생각난다.

차명섭 예비교무

경상남도 중남부에 위치하며 남해안의 중심도시 마산에서 교육자이신 훌륭하신 부모님의 사랑 속에 잘 성장한 차명섭 교우는 어머니를 통해 일찍 대종사님의 일원대도와 인연이 되었다. 고려대학교 생명과학계열에 입학하면서 안암교당에서 처음 만나게 된 차명섭 교우는 음성이 참 좋고, 키도 크며 특히 철학적 사유와 종교성이 아주 장하였다. 보통 대학에 들어오고 나면 고등학생 때 입시공부로 놀지 못한 한을 풀기 위해 신앙생활하는 교당과 원불교 동아리를 피하는 대학생이 많은데, 우리 차명섭 예비교무는 1

학년 때부터 남다른 종교성이 있었다. 고려대 원불교학생회와 교당 청년법회와 공부방까지 열심히 다녔다. 법회 때 까닭있는 질문도 자주 했으며, 교전봉독을 하거나 학교생활하면서 일어난 의문들을 잘 물었다.

군대 생활하는 동안 『원불교전서』를 읽어보라고 부탁하였는데 4번 봉독하고 다른 좋은 책들도 많이 읽어 군생활을 하면서 강급하지 않고 더 진급하여 전역한 교우이다. 생명공학 분야 전공공부도 열심히 하였으며, 고려대 원불교학생회 회장과 청년회 단장, 부회장 등을 역임하며 교당의 주인으로 열심히 생활하였다. 고려대 원불교학생회 동아리 후배들도 잘 챙기는 선배였다.

어린아이들이 아프면서 성장한다고 하는데, 한번은 업력으로 인해 실수를 해서 크게 혼낸 일이 있었다. 다른 사람들 같으면 자존심 상해 다른 핑계를 대고 교당을 떠날 수도 있을 텐데, 오히려 이참(理懺) 사참(事懺)의 참회를 통해 더욱 진급하는 모습을 보며 신심과 공부심이 대단하다는 생각을 하였다. 이제 대학원의 석·박사 통합과정을 노력 이행하여 박사학위도 받게 되었다. 사회 교육계의 교수로 세상을 위하는 것도 좋지만, 출가자로 박사학위를 기반으로 우리 교법을 더 공부하여 교단과 세상에 오롯이 보은한다면 더 좋겠다고 생각하여 전무출신의 길을 권하게 되었다.

남다른 철학적 관심과 구도심, 숙세 인연의 힘으로 여러 어려움을 극복하고 출가서원을 세우게 되어 박수를 보낸다. 앞으로 간사와 예비 교무 과정 속에 정금미옥을 만들어 대진급하여 교단의 어디에서든 대종사님과 스승님들께 대보은자가 되고 부모님께도 대효하는 효자가 되기를 염원한다.

🌿 노현종 예비교무

훌륭하신 부모님의 가정 교육을 받으며 잘 성장한 노현종 교우는 서강대학교에 입학하여 문화적 욕구를 음악으로 채우느라 학생의 본업인 학습에 방심했었다. 그러나 군 제대하며 시절 인연 따라 생각의 깊이가 더해져 철든 마음이 들었다. 다행히 훌륭한 어머니 아버지 밑에서 사랑을 많이 받고 성장하였으며, 어릴 적부터 불연(佛緣)의 힘으로 군 제대 후 안암교당 청년회에 함께 하게 되었다. 순수하고 맑은 노현종 예비교무는 군 입대 전 철없던 생활을 진실로 참회하며 학교 공부도 열심히 하여 성적도 잘 받게 되고, 안암교당에서 청년 법회과 수요마음공부방, 단회, 7일간의 출가여행 등을 열심히 하고 교당의 임원도 하게 되었다.

나는 노현종 예비교무에게 기타(guitar)를 배우고 싶다고 하여 친근하게 함께하는 시간을 많이 가졌으며 현종교우는 많은 질문을 적극적으로 해왔다. 잘 묻는다는 것은 마음이 깨어있다는 것이요, 잘 배우고 싶고, 진급하고 싶다는 것이므로 재미있게 함께 이야기하였다. 교법에 대해서도 많은 질문을 해왔다. 생각이 깊고 영혼이 맑은 현종교우 마음이 어느 정도 살아있기에 사회생활보다 출가 전무출신으로 이 공부이 사업에 함께 하자고 하니 동의하여 주었다. 마음속 깊게는 여러 욕심을 아직 놓지 않고 있는 것도 알고 있었다.

그러나 우리 마음공부가 깊어져서 서원이 세워지면 자연스럽게 욕망은 대치된다는 것을 알기에 우리 공부를 위해 교전뿐 아니라 『대산종사법문 1집·3집』, 『대종사님 그때 그 말씀』, 『대종경 선외록』, 『구도역정기』, 『한울안 한이치에』, 『대종사님 은혜속에』, 예화집 등 여러 스승님들의 책을 읽도록 안내하였다. 마음이 맑은 젊은이라 마치 스펀지처럼 우리 교법에 젖어 들었다.

서강대학교 화학과 졸업 후 바로 대기업에 들어갈 수 있으니, 1~2년 사회경험 조금 해보고 출가하면 좋겠다고 하였으나 난 반대하였다. 사람의 마음은 환경의 영향을 받기 쉽고 경계를 따라 변화하기 쉽다는 것을 알기 때문에 바로 출가를 권장하였고, 다행히 따라주었다. 간사근무는 종법사님의 지도를 받게 하고 싶어서 조실로 결정하고 안암교당에서 잠깐 살도록 안내하여 교당의 기본생활을 익히도록 하였다. 지금 조실 간사로 열심히 살고 있고 새벽에 대각전에 앉아 열심히 오는 잠을 참고 좌선하는 현종교우를 볼 때마다 흐뭇한 마음이다. 큰 서원 세웠으니 잘 지도받아 인내하고 기초를 튼튼히 하여 교단과 세상의 큰 보은자 대진급인이 되기를 기대하고 축원한다.

🌸 김경혜 기간제 예비교무

우리나라의 허리인 경기도 파주에서 훌륭하신 부모님의 2남 4녀 중 장녀로 잘 자란 김경혜님은 24세에 멋진 부군을 만나 1남 1녀를 낳아 키우신 어머니다. 남편의 소개로 심신 단련하는 단월드와 인연이 되어

수련으로 건강을 챙기다가 마흔이 다 되어 지도자 교육을 받고 센터장의 책임을 맡아 대중을 가르치게 되었다. 혼신의 노력을 다하여 수강생들에게 인정받고 기관평가에서도 우수한 평가를 받았다. 수련하며 느낀 여러 가지의 행복한 체험들은 더 넓고 깊은 수행의 세계로 자연스럽게 발을 딛게 하는 묘한 매력의 끌림이었는지 단월드에서 퇴임 후 지중한 인연의 소개로 원불교 안암교당을 찾아왔다. 몇 번 오는가 싶었는데 집안 사정으로 얼마간 못 오다가 다시 와서 열심히, 정말 열심히 하는 모습이 보였다. 과거 수행의 경력이 있어서인지 우리 공부를 아주 좋아하고 이해속도도 빨랐다.

일반교도로 생활하기보다 늦게라도 기간제 교무가 있음을 알게 되어 기간제 교무를 하고 싶다며 교당에 살면서 주무 역할을 시작하였다. 새벽에는 제일 먼저 좌선에 나와 미리 헌배하고 좌선하였고, 낮에는 교당의 엄마로 식사와 부엌일 하였으며, 저녁에는 이 모든 일을 돌아보며 참회하고 반성하는 수도인의 일과로 힘을 얻어가는 모습이 보였다. 교전공부, 법회, 공부방, 정기훈련 등에 열심히 참석하며 마음공부의 기쁨에 흠뻑 젖어 들었다.

기간제 교무의 조건은 서원과 신심 공심 뿐 아니라 법위가 정식특신급 이상이어서 더욱더 열심히 하게 되었다. 과거 수행경력과 성실함은 법위사정의 해에 예비특신급을 넘어 정식특신급에 바로 올라 교육부에 기간제 교무를 신청하고 면접을 봤으나 입교 후 교도활동의 기간이 적다는 이유로 많은 논의 끝에 합격하지 못하였다.

기간제 교무를 할 수 없으니 짐을 싸 집으로 가시리라 생각했다. 그런데 어찌 된 일인지 계속 교당에서 수행하며 일하고 살겠다고 하는 것이다. 남편과 아이들의 관계가 아주 좋음에도 본인이 자원하니 결국 교당 주무로 계속 살게 되었다.

그 후 간절한 기도 덕인지 원기 105년 1월 7일자로 전무출신 정년이 3년 연장되면서 기간제 교무의 지원 나이도 3년 연장되었다. 다시 기간제 교무 지원 절차를 밟아 합격하여 올해 여름 영산선학대에 만학도 기간제 예비교무로 입학하였다. 오롯하고 바른 심법과 포기하지 않는 정성으로 위력을 얻은 결과라 생각하여 감사하고 또 감사 올리며 기도하고 또 기도한다.

늦게 출발했으나 쉬지 않고 열심히 정진 적공하여 이생에 이 일원대도 회상과 대종사님을 비롯해 스승님들과 여러 법연을 더욱 두터이 하고 보은하여, 내생에는 일찍 이 회상을 만나 큰 서원으로 대보은자 되겠다고 다짐하니, 그 소중한 마음과 간절한 서원에 박수를 보내며 축원의 기도를 얹는다.